AF367811

OBSERVATIONS

SUR LES EDIFICES

DES ANCIENS PEUPLES,

PRÉCÉDÉES

DE RÉFLEXIONS PRÉLIMINAIRES

sur la Critique des Ruines de la Grece,
publiée dans un Ouvrage Anglois, intitulé
les Antiquités d'Athènes,

ET SUIVIES DE RECHERCHES SUR LES MESURES ANCIENNES.

Par M. LE ROY,

Membre & Historiographe de l'Académie Royale d'Architecture,
& de l'Institut de Bologne.

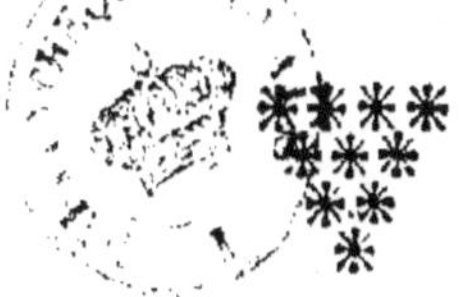

A AMSTERDAM,

Et se trouve à PARIS;

Chez MERLIN, Libraire, rue de la Harpe,
vis-à-vis la rue Poupée.

M. DCC. LXVII.

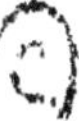

ERRATA.

OBSERVATIONS.

Page 4, *qu'on fait que les Obélifques*, lifez, *qu'il y a lieu de croire, comme le dit Blondel, que les Obélifques.*

Page 5, Eli, *lif.* Clio.

Page 6, ιαοι, *lif.* ιαόϛ.

Page 11, και, *lif.* και, παιτη, *lif.* παιτη.

Page 19, Prylanée, *lif.* Prytanée.

Page 24, parvint, *lif.* parvient.

Page 21, 37, Phigien, *lif,* Phrygien.

Page 38, Dionifien, *lif.* Dionyfien.

Page 39, Thucidide, *lif.* Thucydide.

Id. πρί, *lif.* πρϛ.

Mefures Anciennes.

Page 6 & 7, Pl. I, *lif.* Pl. II.

Page 17, Fig. I, *lif.* Fig. III. Fig. II. *lif.* Fig. IV. Fig. III. *lif.* Fig. V.

Page 18, *toute l'étendue dont*, lif. *dont toute l'étendue.*

Page 20, devroient, *lif.* devoient. Pl. III. *lif.* Pl. II.

Page 24, *Planche VII, feconde partie*, lif. *planche VII. feconde Partie, Ruines de la Grece*

Page 30, des bas reliefs, *lif.* de bas reliefs.

REFLEXIONS
PRÉLIMINAIRES,

Sur la critique des ruines de la Grece ; publiée dans un Ouvrage Anglois, intitulé, les Antiquités d'ATHÈNES.

SI les reftes précieux dés Edifices de ce Peuple qui créa les Arts, *fi les Ruines de la Grece* ont été vues en France avec quelque plaifir, j'ai lieu de croire qu'elles n'ont pas été regardées en Angleterre avec indifférence. A peine cet Ouvrage étoit-il au jour, qu'on publia à Londres, un Livre intitulé, * *les Ruines d'Athènes, & les Reftes précieux des autres Antiquités de la Grece.* L'annonce de ce Livre ne me parut pas conforme à ce qu'il contenoit ; tous les deffeins, toutes les defcriptions, étant tirés de celui que j'avois mis au jour , il me fembla que le titre devoit indiquer qu'il n'en étoit qu'une copie. Je remarquai encore une

---

* Ruins of Athens With Remains and other valuables antiquities, in Greece.

A

affectation dans les defcriptions, dont je ne dé-
couvris pas trop le motif: l'Auteur, qui ne fe
nomme pas, en les traduifant des miennes, en
a retranché tous les endroits où je releve des
fautes échappées à Meffieurs Spon & Wheler.
Si fon but avoit été d'empêcher que mon Livre
ne fe répandît en Angleterre, il y a affurément
peu réuffi : j'ai eu lieu d'éprouver combien la
Nation Angloife accueille favorablement les
Ouvrages, qui ont pour objet l'utilité & le progrès des Arts.

Le moyen que cet Auteur a employé pour
diminuer les frais & le prix de cette traduction
abregée, étant fort extraordinaire, je crois
devoir le rapporter : il n'a fait qu'une vue de
deux des miennes. Par cet étrange accouple-
ment des Edifices, on fe doute affez qu'il n'a
pas trop bien confervé l'unité de lieu. On eft
très-étonné, par exemple, de voir réunis le
Port Phalere & la Lanterne de Démofthènes, le
monument élevé en l'honneur de Philopapus,
& des ruines qui en font à dix lieues, dans cette
partie de l'Attique, appellée anciennement
Thoricion, enfin, le Stade d'Athènes, & le
Temple de Pola, en Iftrie. Au refte, je lui
fais affez peu de gré, d'avoir dit, en faifant mon éloge, que le Public auroit vû

avec plaisir dans le Livre de Palmyre, des observations de la même nature que celles qui sont contenues dans le mien : il suffit d'examiner les magnifiques ruines que nous devons à M. Wood, pour reconnoître que leur peu de variétés, ne les rendoit pas susceptibles du genre de recherches que j'ai faites sur celles de la Grece.

L'espece de tort que ce Livre pouvoit faire au mien, m'avoit fait négliger jusqu'à présent d'écrire ce que j'en pensois : d'autres raisons m'ont fait différer de parler de l'Ouvrage sur les Edifices d'Athênes, publié par Messieurs Stuart & Revett. On doit à ce dernier tous les détails de l'Architecture. Les bas-reliefs, les vues, le Discours, sont de M. Stuart, & je le citerai souvent seul par cette raison. Quoique le ton, qui regne dans la critique, que cet Auteur fait *des Ruines de la Grece*, ait paru étrange aux gens de lettres, en Angleterre même ; quoiqu'il ait sur les monumens d'Athênes des opinions qui me paroissent peu fondées, je ne balancerai cependant pas à déclarer que je regarde le Livre dont il est l'Editeur, comme très-digne de l'estime du Public. Je vais rendre compte des motifs qui m'ont fait si long-tems garder le silence sur la partie de cet Ouvrage qui me concerne.

A ij

Dans une Ville auſſi ruinée qu'Athênes, la poſition de quelques Edifices bien connue, peut donner de grandes lumieres ſur la ſituation des autres. Il paroîtra donc très-naturel que je déſiraſſe de voir l'Ouvrage Anglois, entierement achevé, pour y répondre. En effet, il étoit important pour moi de connoître tout le ſiſtême de M. Stuart, ſur la ſituation reſpective des Edifices de cette Ville, comme il eſt à portée depuis long-tems de connoître le mien, afin de convenir de mes erreurs, s'il avoit mieux rencontré que moi, ou de combattre les ſiennes. J'avois même tout lieu de l'eſpérer, puiſqu'il y a ſeize ou dix-ſept ans qu'il eſt allé à Athênes, & qu'il a pris avec le Public des engagemens, auxquels je ne devois pas m'attendre qu'il manqueroit pendant un ſi grand nombre d'années.

Je déſirois d'ailleurs de pouvoir faire imprimer ma réponſe dans une ſeconde édition de mon Ouvrage, ayant lieu de penſer que la premiere ſeroit bientôt épuiſée, comme elle l'eſt en effet entierement ; parce que ces ſortes d'examens exigeant des figures, le lecteur les auroit eu ſous les yeux, en liſant mes obſervations. Ces diverſes conſidérations qui m'ont retenues, cedent dans ce moment à d'autres plus importantes ; & puiſque des gens de Lettres, dont l'eſtime m'eſt très-précieuſe, le déſirent; je vais faire voir à quoi ſe réduit cette grande critique de M. Stuart, & dans quel eſprit elle a été faite.

Cet Auteur qui ſait combien nous avons d'Ouvrages différents ſur les Antiquités de Rome & de l'Italie, a cru, ou a feint de croire, que le Public n'en verroit pas avec plaiſir deux ſur la Grece. Il a penſé apparemment que le ſeul moyen de faire valoir ſon Ouvrage, étoit de dépriſer le mien. C'eſt, j'oſe le dire, l'idée que donnera à tout lecteur impartial, l'aigreur de ſes critiques, l'annonce qu'il en fit dès que les ruines de la Grece parurent à Londres, & les petits artifices qu'il a jugé à propos de ſe permettre.

S'il faut s'en rapporter à M. Stuart, l'amour ſeul de la vérité lui a inſpiré la critique qu'il a faite de mon Ouvrage ; mais je le demanderai à tous ceux qui ont lu le ſien ; eſt-ce l'amour de la vérité qui lui fait employer vingt pages in-folio, pour prouver que je me ſuis mépris en comptant, ſans les vérifier, ſur une inſcrip-tion & ſur une meſure données par Meſſieurs Spon & Wheler : par ces deux voyageurs dont il loue le ſavoir, l'exactitude, la véracité ? Eſt-ce l'amour de la vérité qui le porte à me re-procher de n'avoir pas tout deſſiné à Athênes, lui qui, lorſqu'il en partit, y laiſſa, ainſi qu'on

m'en affura dans cette Ville, beaucoup de chofes à faire : & qui n'en difant pas un mot, annonce un Ouvrage qu'il ne pourra pas donner.

Le dernier de ces reproches que me fait
M. Stuart, eft d'autant moins fondé, qu'on
ne peut blâmer un homme de ne pas donner
ce qu'il n'a pas promis. Mon livre eft intitulé
les ruines des plus beaux monumens de la Grece ;
ainfi ne m'étant engagé par ce titre, à donner
que les plus beaux de ces monumens, je pouvois
me reftraindre à n'en publier qu'un affez petit
nombre : & non-feulement on n'en peut citer
un feul, qu'on puiffe regarder comme un bel
Edifice, que je n'aie pas donné ; mais j'ai repréfenté même l'afpect de plufieurs de ceux
dont je trouvois l'Architecture médiocre ,
parce que leurs défauts, très-fenfibles dans
les détails, difparoiffent dans les vues. Ces
défauts frappans dans les Géométraux, m'ont
déterminé à déclarer dans mon Profpectus,
la liberté dont j'uferois en les donnant. J'y pré-
viens donc, qu'*on ne les détaillera pas également ,
parce qu'il femble qu'il n'y a que deux raifons qui
puiffent rendre ces détails néceffaires ; la premiere , qu'ils foient affez beaux pour être imi-
tés par les Artiftes ; la feconde , qu'ils puiffent
fervir à l'hiftoire de l'Art. J'ajoute , ceux de ces
détails qui auront rapport aux deux objets de curiofité*

ou d'utilité dont nous venons de parler , seront développés fort en grand, les autres avec moins d'étendue.

Cette déclaration antérieure à la publication de mon Livre, servira de réponse à tous ces reproches que me fait M. Stuart , de n'avoir pas développé comme lui des parties ou des profils que j'ai jugés inutiles. Enfin , j'ose le dire, on a annoncé peu d'Ouvrages, où les Auteurs ayent aussi bien remplis , que je l'ai fait, les engagemens qu'ils avoient pris avec le Public.

Il insiste beaucoup sur les petites différences qui se trouvent entre les mesures que nous avons données l'un & l'autre, des mêmes profils ; & afin de faire valoir les siennes , il dit qu'il regarde l'exactitude la plus scrupuleuse , comme le seul mérite presque, que puissent avoir les Livres de ce genre. J'avoue que j'ai eu dans mon voyage , des idées bien différentes. & je n'aurois assurément pas été en Grece , simplement pour observer le rapport des Edifices & de leurs parties , avec les divisions de notre pied : j'aurois laissé cette sorte de gloire à qui auroit voulu l'acquérir & s'en contenter. C'est principalement pour connoître le rapport des monumens des Grecs , entr'eux , avec ceux des

Peuples qui les ont précédés ou suivis, dans la connoiſſance des Arts, avec ceux que décrit Vitruve, que je les ai meſurés : & je puis le dire avec beaucoup plus d'exactitude qu'il n'en faut, pour en tirer ces obſervations. Si on veut connoître les proportions générales d'un Temple rond, il eſt aſſez inutile de meſurer tous ſes diametres, & tous ceux de ſes colonnes, comme l'a fait Desgodets. Pouſſer juſques-là le ſcrupule, en prenant quelquefois, ſur des profils très-médiocres, des milliers de meſures, eſt un ſoin qui me ſemble ſuperflu.

J'obſerverai d'ailleurs, que le même profil étant meſuré par des hommes très-exacts, avec des pieds d'inégale longueur, il eſt preſqu'impoſſible, qu'il n'en réſulte pas des différences. Il y en auroit toujours quand elles ne viendroient que de la réduction d'une meſure à l'autre, qui ne ſe fait jamais ſans fractions. Les Ouvrages de Monſieur Wood, par exemple, ſur Palmyre & Balbec, ſont regardés comme excellens ; il les a fait en homme de Lettres, très-verſé dans la connoiſſance des Arts, & ce qui eſt plus rare encore, il les a fait en homme de goût, qui fait traiter grandement les grandes choſes & ne s'appéſantit pas ſur les petites ; mais cependant M. Wood, à ce qu'il rapporte, ſon

compagnon

compagnon de voyage M. Dawkins,& le Def-
finateur qui les accompagnoit, n'ont été que
17 jours dans ces deux Villes ; & les Edifices
qu'ils mefurerent, étant prefque tous Corin-
thiens, ils font parconféquent chargés d'un
nombre infini d'ornemens & de moulures. Or,
imagine-t-on qu'il feroit fort difficile à quel-
qu'un qui iroit paffer deux ou trois ans à deffiner, & à cotter tous les profils qu'ils ont donnés, de faire des liftes confidérables, des différences qui fe trouveroient entre fes mefures
& les leurs. Je fuis très-éloigné de le penfer,
& je n'en eftime pas moins l'Ouvrage de ce Savant Anglois.

M. Stuart fait encore fonner très-haut, le
grand nombre de Planches de détail qu'il donne
des Edifices ; je me fuis fait un mérite au contraire de les réduire à la plus petite quantité
qu'il m'a été poffible. J'ai cru, qu'il étoit très-
inutile de donner une planche de chacune des
figures qui ornent leurs frifes, de furcharger
l'Ouvrage d'un fatras de mauvais profils, qui
n'apprennent rien au Public, que la patience
ou le peu de goût de ceux qui les ont me-
furés. Ainfi ne voulant pas tout donner, le
temps que j'ai paffé à Athênes, m'a fuffi pour
deffiner les ruines des plus beaux Temples ;
pour y mefurer avec choix leurs plans, ou leurs

plus belles parties. Il m'auroit fallu des années entieres pour les deſſiner tous, pour les cotter tous, dans le détail le plus minutieux : mais, c'eſt une tâche que je laiſſe achever, à ceux qui ont bien voulu l'entreprendre.

Ce nombre immenſe de Planches, que ceux qui y ont intérêt, font tant valoir, me paroît au contraire ſouvent nuiſible, elles font aux yeux le même effet que les diſcours confus font à l'eſprit. Ce qu'elles offrent d'eſſentiel eſt perdu dans la partie bien plus conſidérable de choſes ſuperflues. Au reſte, ſi j'ai eu la hardieſſe de faire des choix à Athênes, il ſemble que le Public y ait applaudi. Le Chapiteau que j'ai deſſiné le plus en grand dans mon Ouvrage, parce qu'il m'en a paru digne par ſa beauté, vient d'être exécuté à Paris *, à l'Hôtel d'un homme très-diſtingué, connu par ſes grands talens dans la guerre & ſon goût pour les Arts.

De ces réflexions, paſſons à l'examen des différences qui ſont entre l'Ouvrage Anglois & celui que j'ai publié ; & qui ſont telles, que l'un ne tiendra jamais lieu de l'autre. Conſidérons d'abord en parallele les vues de Monſieur Stuart & les miennes. Quel eſt le but que le Deſſinateur ſe propoſe en repréſentant les

---

* L'Hôtel de Voyer.

ruines d'un bel Edifice ? c'eſt de faire paſſer dans l'ame de ceux qui en verront l'image, toute l'admiration dont il eſt frappé à leur aſpect. Son deſſein ne produira pas cet effet, ſi les ruines occupant un petit eſpace dans le tableau, elles paroiſſent en quelque ſorte étouffées par les objets étrangers qui les environnent. Elles feront au contraire la ſenſation la plus forte ; elles donneront la plus grande idée de l'Edifice, ſi elles dominent ſur tous les acceſſoires qui les accompagnent. Ces principes me paroiſſent ceux des Peintres, des Poëtes, de tous ceux qui connoiſſent les Arts. qu'on juge par eux les deſſeins de M. Stuart & les miens.

Le devant du tableau, dans le deſſein qu'il donne des ruines du Bazar, n'offre que quelques murs, des toîts d'une forme aſſez déſagréable, de très-petites figures perdues dans une grande maſſe noire ; & ce n'eſt que par-deſſus tout cela, qu'on apperçoit dans le lointain, le haut des colonnes de l'Edifice. J'ai pris la vue de cette magnifique ruine, du pied de l'Edifice même ; j'en ai repréſenté les colonnes dans toute leur grandeur ; j'ai fait voir, la rue couverte, d'une maniere très-pittoreſque, le long de laquelle elle ſe trouve : j'ai enfin donné une idée du mouvement qu'on y voit, en repréſentant les Marchands qui s'y tiennent. Il ne m'appartient pas de prononcer fur le choix de ces deux vues ; je me contenterai de dire qu'elles font très-différentes ; mais je rapporterai pour montrer la vérité de la mienne, l'effet qu'elle fit au neveu de M. l'Abbé Formont , qui a encore la mémoire très-fraîche de tout ce qu'il a vû à Athênes. Quand je la lui montrai , il en fut fi frappé, qu'il me dit, vous l'avez deffinée en vous affeyant devant la boutique d'un Epicier , & cela étoit exactement vrai.

M. Stuart a repréfenté de face un Portique de quatre colonnes Doriques, fitué à peu de diftance du Bazar. Pour en rendre l'afpect plus pittorefque, je l'ai fait voir de côté, & j'ai fuppofé un peu plus ouverte qu'elle ne l'étoit, une méchante porte qui en mafquoit une partie ; mais cette licence n'eft pas auffi confidérable que celle de montrer, comme il l'a fait dans fa vue , une fontaine d'affez mauvais goût, qu'il avoit derriere le dos en deffinant l'Edifice. Au refte, le motif honnête de faire honneur à M. Leofon, qui avoit fait conftruire cette fontaine , rend M. Stuart excufable , comme je crois l'être auffi, fachant qu'il avoit pris le portique de face, de l'avoir repréfenté vû d'une autre maniere. Les vues que j'ai données de la Tour des vents, & de la Lanterne de Démoſtênes , different encore de celles de cet Auteur , & parce qu'elles font priſes dans un autre aſpect, & parce que l'objet principal y paroît plus grand dans le tableau.

Dans cette derniere, il a repréſenté la partie de l'Edifice qu'on découvre de l'intérieur du Couvent des Capucins. On y voit le Pere Agathe Ange, contemplant la mort. J'ai connu ce bon Pere, il étoit mon ami, il prenoit le titre de Supérieur des Capucins d'Athênes, que perſonne ne lui diſputoit, puiſqu'il étoit ſeul ; mais je puis aſſurer qu'il lui arrivoit rarement d'avoir des penſées ſi triſtes. Au reſte le Capucin & ſa tête de mort, ne nous apprennent rien ſur Athênes. J'ai ſaiſi pour orner la vue du même Edifice, une ſcène plus intéreſſante : la fête que les Athêniens célébrent en ce lieu dans le tems du Carnaval. Elle m'a donné occaſion de repréſenter & de décrire l'habillement extraordinaire des Albanoiſes, qui, pour ſe parer, ſe couvrent les cheveux & la gorge d'un grand nombre de pieces d'argent. J'y ai deſſiné auſſi une danſe ſinguliere , & dont je pris l'eſquiſſe ſur le champ. Peut-être ne ſera-t-on pas fâché d'en retrouver ici la deſcription. » Dans cette danſe les Grecs ont les bras entrelacés ; le Coryphée (c'eſt celui qui mene la

danfe) tient un mouchoir : ils font tous en=
femble différens tours & retours au fon d'un
fifre & au bruit d'un tambour, qu'un de leurs
Muficiens bat deffus & deffous. Je me rappel-
lai, en voyant cette danfe, fort en ufage dans
toute la Grece, celle qui, au rapport de Plutarque, s'exécutoit dans l'Ifle de Délos autour
de l'autel appellé *Ceraton* ; danfe que les Dé-
liens nommoient la *Grue*, dans laquelle Théfée qui l'imagina, & fes compagnons, expri-
moient par différens mouvemens les détours
du labyrinthe. L'analogie frappante qui fe remarque entre cette danfe ancienne & celle
que je viens de rapporter, me perfuade forte-
ment que les Grecs modernes imitent encore
la danfe inventée par Théfée : le mouchoir que
le Coryphée tient, repréfente peut-être le fil
qu'Ariane donna à ce Héros. Qui fait fi les
Athéniens, quand leur République étoit flo-
riffante, ne danfoient pas ordinairement devant la Lanterne de Démofthène ? Il faut plus
de tems qu'on ne fe l'imagine pour détruire
des ufages qui fe perpétuent d'année en
année».

Si, comme on vient de le voir, les vues que
j'ai comparées different fi effentiellement, s'il
y a lieu de croire qu'on retrouvera de fem-
blables différences entre celles que M. Stuart

donnera dans la fuite & les miennes, nos Ouvrages contiendront chacun en particulier des chofes qui leur feront propres. M. Stuart donnera tous les détails des Edifices d'Athênes, de bon ou de mauvais goût. Je ne l'ai ni promis ni entrepris. Il donnera toutes les figures, & je n'en ai pas donné une feule Planche. Mais auffi toute la partie de mon voyage de Venife à Conftantinople, à Smirne, à Délos, à Toricion dans l'Attique, jufqu'à mon arrivée à Athênes ; ainfi que celle qui comprend mon voyage de Sparte, où Meffieurs Stuart & Revet n'ont point été, n'aura rien de commun avec leur Livre fur Athênes.

Les Difcours fur l'Hiftoire & la Théorie de l'Architecture, la Differtation fur les mefures Grecques, le nombre affez confidérable de remarques & de notes que j'ai faites ou fur l'Architecture en générale, ou pour éclaircir des paffages de Vitruve, qui ont été mal traduits ; toutes ces chofes renfermées dans mon Livre, & qui me font propres, ne peuvent fe retrouver dans celui de M. Stuart. Ces réflexions mêmes font affez indépendantes du mérite de deffiner des vues, de copier des bas-reliefs, ou de mefurer des profils ; & je n'aurois pas été moins flatté, fi elles font de quelque utilité, de les avoir faites fur les deffeins de Meffieurs Stuart & Revet, que fur les miens. Enfin mon Ouvrage différera encore de celui de ces Meffieurs, & même de tous ceux qui ont été faits fur cette matiere, par fon plan. Je l'ai tracé fur cette obfervation. J'ai remarqué que les chofes qui intéreffent le plus les gens de Lettres dans les Edifices, n'affectent pas également tous les Artiftes ; & j'ai reconnu auffi, que ces derniers ont de leur côté une forte de langue qu'il faut leur parler , qui n'eft fouvent pas entendue des gens de Lettres. J'ai donc cherché dans mon Ouvrage à démêler ces deux efpeces d'idées, & il femble que le Public m'en ait fu quelque gré. Il paroît avoir vu encore avec plaifir, que j'ai profité de la divifion de l'Ouvrage en deux parties, pour traiter la premiere felon l'ordre le plus conforme à l'Hiftoire , en faifant voir les progrès d'Athênes fous Théfée, Thémiftocle, Adrien ; & pour montrer dans la feconde , les penfées nouvelles que les Grecs ont eû fucceffivement fur l'Architecture.

Avant de terminer ces Réflexions préliminaires, j'indiquerai ce qui doit les fuivre. Les obfervations fur les Edifices des anciens Peuples, contiennent outre des remarques fur les

rapports

rapports qu'ils ont entr'eux, l'examen des différentes opinions que nous avons M. Stuart & moi, sur la dénomination des Edifices dont les ruines du Bazar, ou celles que j'ai prises pour les restes du Pantheon d'Adrien, faisoient partie ; ainsi que des remarques fort courtes sur tous les autres Edifices qui sont dans mon Ouvrage, que M. Stuart critique. Au reste, ces observations sur les Edifices des anciens Peuples, ne sont en quelque sorte qu'un essai, ou plutôt un fragment, d'un Ouvrage considérable, qui auroit le même titre : & pour lequel j'ai rassemblé un très-grand nombre de matériaux. Comme je ne voulois pas charger cette brochure de figures, je n'ai considéré ici dans les Edifices, que ces sortes de rapports si généraux, qu'ils se sentent même sur une simple description. Quand je traiterai cette matiere avec plus d'étendue, je suivrai une autre route : c'est en considérant sur la ligne des découvertes que les hommes ont faites dans l'Architecture, quelques points épars, que nous parviendrons à en découvrir l'origine & en tracer les contours, & à en déterminer la fin.

La nécessité de prouver par rapport au Temple de Jupiter Olympien, que les Anciens

avoient des ſtades très-petits, m'a fait mettre
à la ſuite de ces obſervations ſur les Edifices
des anciens Peuples, des recherches ſur les
meſures Grecques, que j'ai eu l'honneur d'a-
dreſſer à l'Académie des Belles-Lettres.

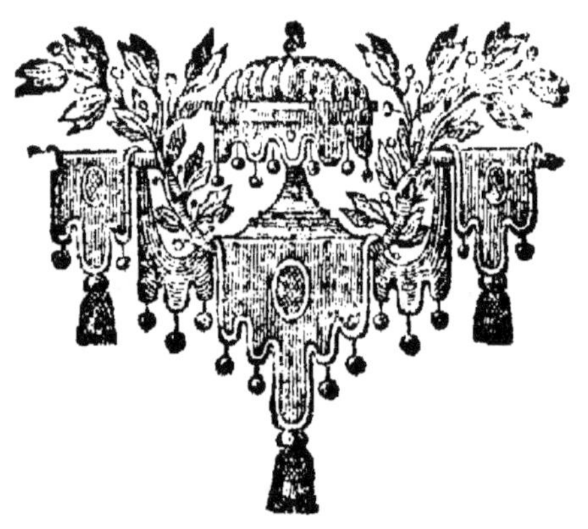

OBSERVATIONS

SUR

LES ÉDIFICES

DES ANCIENS PEUPLES.

Dans les premiers siécles, où les Nations sçavantes de l'Europe ont commencé à s'instruire, elles ont dû, par ce mouvement impétueux de curiosité qu'on remarque dans l'enfance des Lettres, comme dans celle de l'homme, chercher plus à connoître les faits isolés, qu'à en saisir les rapports. La masse de penfées, d'idées, de connoissances acquises, met les Savans en état de prendre un vol plus hardi : ce n'est plus à éclaircir des passages peu intéressans, que s'appliquent ceux qui joignent le savoir au génie ; c'est à développer dans les Auteurs anciens, ces traits dont ils composent le tableau magnifique de l'Histoire de l'Esprit humain. Ils nous font voir dans l'analogie des

C ij

langues, dans la reſſemblance des loix, des mœurs, des uſages, les communications qu'ont eus entr'eux les différens Peuples.

Quelques éclairciſſemens, cependant, qu'ait donné, ſur ces communications, une connoiſſance profonde des Ouvrages des Anciens, on a ſenti que d'autres matériaux pourroient ſervir à les découvrir. On a eſpéré de tirer de nouvelles lumieres ſur ces rapports, de l'examen attentif des contrées les plus renommées de l'antiquité ; de la contemplation de ce petit nombre de Villes célébres, qui ſemblent ſe diſtinguer comme des points lumineux ſur la ſurface de notre globe. Voilà ce qui a donné lieu aux voyages faits à Thebes, à Palmyre, à Balbec, à Athênes, à Sparte, & dans différentes parties de l'Aſie & de l'Afrique.

Les inſcriptions de Palmyre, un grand nombre de celles qui ont été recueillies dans ces voyages, ont déjà été employées avec ſuccès : il ſemble que l'on n'ait pas tiré de l'examen des Edifices des anciens Peuples, toutes les lumieres qu'ils pouvoient fournir ſur les communications qu'ils ont eus entr'eux : c'eſt ce qui m'a déterminé à l'entreprendre. Je vais donc eſſayer ſur un petit nombre de ces Edifices, de découvrir, comme j'ai tâché de le faire ſur ceux de la Grece, les rapports qu'ils avoient entr'eux : ces rapports généraux feulement, qu'un Ouvrage peu étendu & dépouillé de figures, permet de faire appercevoir.

C'eft un fpectacle vraiment digne de la curiofité des Philofophes, de voir combien les idées primitives & originales que les hommes ont eues , ont influé fur les Ouvrages qu'ils ont faits dans la fuite : leurs effais en Architecture nous en offrent un exemple frappant. (a) La pierre élevée par les Phéniciens fur le tombeau d'un homme célebre, la cabanne qu'ils imaginerent, & que Vitruve décrit, la cour dont *Agrus* & *Agronerus* (b) l'environnerent, femblent être inconteftablement l'origine des différens genres d'Edifices antiques que nous connoiffons. Nous allons développer ces idées.

De l'origine des Pyramides & des Obélifques.

Les Phéniciens qui firent les premiers , ufage du feu, & hafarderent au vent de frêles barques, confacrerent comme à des Divinités tutelaires,

---

(a) Sanchoniathon.

(b) L'idée de faire une cour qui environne la cabane , & laiffe autour un efpace, nous paroît la plus naturelle ; & c'eft ce qui nous l'a fait préférer aux autres cours.

une pierre à chacun de ces élémens, & rendirent bientôt après les mêmes hommages à la mémoire de *Mumrumus* & *Hypfuranius*, qui fe diftinguerent parmi eux, par des inventions utiles. Ce Peuple en devenant plus puiffant, dût perfectionner fes premieres idées ; il dût voulant rendre ces marques d'honneur plus fomptueufes , élever fur la tombe de ces hommes créateurs, de ces bienfaicteurs de l'humanité, une pierre plus confidérable, ou en accumulant plufieurs enfemble, former une maffe plus grande. La pierre fimple, devenue coloffale, a été l'origine des Obélifques. La pierre devenue par celles qu'on y ajouta, une grande maffe, l'idée primitive de la Pyramide. Ces origines nous paroiffent d'autant plus vraifemblables, qu'on fait que les Obélifques portoient des urnes funéraires, & que les Pyramides n'étoient que des tombeaux.

Du Temple de Bélus , & de fon rapport avec les tombeaux des Phéniciens , & la difpofition de leurs Cabanes.

Le plus ancien des Edifices dont l'Hiftoire faffe mention, qui avoit une forme pyramidale, paroît être le Temple de Jupiter Belus. Il femble dans fa compofition générale tenir de la pierre élevée fur la tombe du premier

Phénicien qui s'illuftra, & de la cour environnée d'une enceinte, au centre de laquelle étoit la Cabane, portée à fon plus haut dégré de perfection, par *Agrus* & *Agronerus*, voici la defcription qu'en donne Hérodote (*a*).

Le Temple de Jupiter Bélus, dit cet Auteur, qui fubfiftoit encore de mon tems, & dont les portes étoient d'airain, avoit (*b*) deux ftades *à chacune des faces de fon enceinte*. On avoit conftruit au milieu une tour folide, fur laquelle on en voyoit une feconde ; & fur celle-ci, d'autres encore, qui s'élevoiént fucceffiment les unes fur les autres, jufqu'au nombre

---

(*a*) Hérodote. Eli. Liv. I. pag. 75. édit. d'Henr. Etien. M. DC. XVIII.

(*b*) **Deux ftades à chacune de fes faces.** Il y a une faute dans le texte, car on y lit δύο σαδίων, πάντη ἐὸν τετράγωνον. Il faut que la virgule foit après πάντη, & lire ainfi ; δύο σαδίων πάντη, ἐὸν τετράγωνον. Car la première maniere d'écrire, n'indique que deux ftades pour tout le circuit du Temple, ce qui eft abfurde, puifqu'il eft dit enfuite que la Tour qui étoit au milieu, avoit chacun de fes côtés d'un ftade ; & par conféquent qu'elle en avoit quatre de circuit. D'ailleurs l'explication que nous propofons, qui donne deux ftades à chaque côté de l'enceinte, & huit pour fon circuit, répond bien mieux à l'idée de grandeur que les Anciens nous ont donné de la Tour. Ce qui eft en italique, eft ajouté pour rendre la defcription plus claire.

de huit. L'escalier pour y monter avoit été disposé tellement, qu'il l'environnoit par dehors. Vers le milieu on trouvoit un lieu propre pour se reposer, & des bancs pour s'asseoir.

Dans la derniere des Tours, on avoit ouvert un grand Sanctuaire, ou Naos (a), dans lequel étoit placé un lit richement couvert, & devant le lit une table d'or. La partie inférieure de cette Tour (b) contenoit encore un

------

(a) Ναος. On répétera souvent ce mot, il désigne dans les Auteurs, le lieu le plus sacré, & dans les Temples qui ont des enceintes, la partie du Temple qui étoit au milieu.

(b) Dans l'Hist. Universelle, publiée par une Société de gens de Lettres en Angleterre, tom. I. pag. 261, 262. trad. ils donnent un dessein de cette Tour, qu'ils regardent comme la même que la Tour de Babel ; ce qui me paroît une opinion trop hasardée pour l'embrasser. Mais s'ils entrent dans un examen assez détaillé des parties de la Tour même, ils n'ont pas saisi l'ensemble de l'Edifice, qui étoit très-important à connoître ; ils n'ont pas fait attention à l'enceinte qui l'environnoit : l'Autel qu'Hérodote dit qui étoit hors du Naos, étoit peut-être placé dans l'espace compris entre la Tour & les murs de cette enceinte. Ces Auteurs n'ont pas fait attention non plus, à la contradiction qui se trouve dans la description d'Hérodote, quand on n'entend pas les deux stades dont il parle ; comme nous l'avons fait.

On voit dans l'Ouvrage de Norden, une Pyramide d'E-

autre

autre *Naos* ; il renfermoit une ſtatue d'or ; repréſentant Jupiter. On y voyoit auſſi , de ce
métal précieux, une grande table ; & un Thrô-
ne élevé ſur des gradins , & placé en face de la
ſtatue. Hors du *Naos* , on trouvoit encore
deux Autels d'inégale grandeur , ſur leſquels
on ſacrifioit des brebis ; mais on réſervoit
les plus pures pour les immoler ſur le plus
petit de ces Autels , qui étoit d'or.

Le Temple de Bélus , comme on le voit
par cette belle deſcription d'Hérodote, étoit
compoſé de deux parties bien diſtinctes ; d'une
Pyramide qui renfermoit , dans le *Naos* ſupé-
rieur & l'inférieur , ce que le Temple contenoit de plus ſacré, & d'une vaſte enceinte,
dans laquelle ſe faiſoient les ſacrifices. Il faut
que cette diſpoſition générale , du Temple
de Bélus , imitée vraiſemblablement des
cabannes Phéniciennes , ait été jugée très-
magnifique par les Anciens , puiſqu'on la
retrouve dans les plus ſuperbes Edifices de
ce genre qu'ils ayent élevés : nous allons le
faire voir en parlant d'un des ouvrages de *Sé-*
ſoſtris.

---

gypte , formée par un petit nombre de gradins , dans
toute ſa hauteur, qui reſſemble au Temple de Bélus.

Ce Prince dans le cours de ſes conquêtes, ayant élevé de toutes parts des monumens de ſa gloire, fit conſtruire à ſon retour en Egypte, des ouvrages utiles au Commerce, & qui garantiſſoient quelques-unes de ſes parties, des inondations du Nil & des courſes des ennemis ; mais ces ouvrages recommandables par leur objet, le cédoient cependant de beaucoup en magnificence aux Edifices qu'il éleva pour honorer les Dieux, & pour éterniſer ſa mémoire. Il fit bâtir, au rapport de Diodore de Sicile, un Temple dans chaque Ville de l'Egypte, & le conſacra à la Divinité qui y étoit particuliérement révérée.

Ces Edifices, ſi quelques-unes des ruines qu'on voit en Egypte, en ſont les reſtes, étoient en général d'une forme très-longue, diviſés en pluſieurs cours environnées ou traverſées chacune par des portiques, & ſéparées les unes des autres par des portes d'une maſſe énorme : & ſi leurs colonnes coloſſales & la grandeur prodigieuſe des marbres de leurs plafonds, rendent leur aſpect impoſant, on ne peut cependant pas s'empêcher d'avouer que leur diſpoſition générale, trop chargée de diviſion, paroît embarraſſée. Mais ſi nous fouillons dans les ouvrages des Auteurs qui nous ont décrit les monumens des Egyptiens qu'ils ont vû, nous reconnoîtrons dans la belle diſpoſition du Temple de *Bubaſtis*, l'idée très-embellie de celle du Temple de Jupiter Bélus, & le modele en quelque ſorte des plus beaux Edifices ſacrés, que les Hébreux & les Grecs ayent élevés.

DU TEMPLE DE BUBASTIS,

Et du rapport de ſa diſpoſition, avec celle des Cabannes Phéniciennes, & du Temple de Bélus.

On voit (dit Hérodote) un Temple conſacré à *Bubaſtis*, dans la Ville qui a pris le nom de cette Déeſſe. Il eſt ſi ſuperbe, qu'on ne peut en parler qu'avec admiration ; car s'il y a des Edifices ſacrés plus conſidérables par leur étendue, & par les frais immenſes qu'ils ont coûtés à élever, il n'y en a aucun dont l'aſpect ſoit auſſi agréable. On y arrive par un chemin, qui ſéparant deux Canaux, forme une eſpece d'Iſle. Ils ont cent pieds de large chacun ; ils s'étendent depuis le Nil, juſqu'à la façade de l'Edifice, & ſont embellis par des arbres qui les couvrent de leur ombre. Les portes qui ferment la premiere entrée, ont dix (*a*) *Orgies* de hauteur, celle des figures admirables qui les ornent, eſt de ſix coudées. La ville ayant été exhauſſée par des digues, ſans que le ſol du Temple qui eſt au centre ait changé. Il eſt

____

(*a*) L'orgie avoit 6 pieds.

tellement dominé par elle, qu'en en faisant le tour par dehors, on découvre toutes les parties de son intérieur. Son enceinte est fermée par un mur de pierres, dont on a creusé la surface pour y représenter des figures. Elle renferme un bois sacré d'arbres très-élevés, plantés autour du *Naos* (a), qui contient la statue de la Déesse. *Les côtés de l'enceinte ont chacun un stade de longueur.* Près de l'entrée est un chemin pavé de pierres ; il a trois stades au plus, & conduit en traversant la place publique vers la partie Orientale. On va en parcourant toute sa longueur, qui est de quatre cens pieds, au Temple de Mercure ; il est bordé de chaque

______

(a) *Naos.* Nous avons déjà dit que c'étoit le corps du Temple ; il étoit placé au centre de l'ἱερὸν, dont Hérodote donne les dimensions ainsi ὕψος δὲ καὶ μῆκος τῦ ἱρῦ, πάντη σταδίου ἐστί. *La largeur & la longueur de l'espace sacré de l'ἱερον, est, de tous les sens, un stade* ; d'où on pourroit croire qu'Hérodote, par largeur & longueur, indiquant une différence, c'étoit ces deux dimensions qui avoient ensemble un stade ; ou que corrigeant par le mot πάντη, l'idée d'inégalité que donne ὕψος & μῆκος, il a voulu dire que la longueur étoit égale à la largeur, & qu'elles avoient chacune un stade. La magnificence de l'Edifice m'a déterminé à choisir le dernier sens. C'est aussi celui dans lequel l'a pris l'Auteur de la traduction Latine. Il traduit ainsi, *longitudo Templi quoquoversus unius est stadii.*

côté d'arbres fi beaux, qu'ils femblent fe perdre dans le Ciel.

La prodigieufe quantité de colonnes que
les Egyptiens employoient dans l'intérieur de
leurs Edifices, & la magnificence de l'enceinte
du Temple de Bubaftis, qui étoit ornée par
dehors de figures, nous fait foupçonner qu'elle
étoit décorée intérieurement tout au tour,
par un périftile de colonnes, dont Hérodote
ne parle pas; & nous penfons auffi que le *Naos*
avoit des colonnes à fa façade, & dans l'intérieur, qui renfermoit la ftatue de la Déeffe.

Telle eft l'idée générale que nous nous fommes formés du Temple de Bubaftis; & d'après
ce qu'en dit Hérodote, & d'après ce que nous
avons obfervé fur les monumens Egyptiens.
S'il avoit un rapport fenfible par fa difpofition
générale, avec celui de Bélus, dont la Tour qui
contenoit le *Naos* fupérieur & inférieur, étoit
au milieu d'une vafte enceinte; fi femblable
aux cabannes Phéniciennes, il étoit ifolé de
toutes parts des murs qui l'entouroient; il
avoit encore une analogie plus frappante, comme on va le voir, avec le Tabernacle : Dieu
voulut apparemment retracer aux yeux des
Ifraélites, dans cet Edifice, la difpofition des
Temples qu'ils avoient vûs en Egypte.

Du Tabernacle;

Et du rapport de sa disposition générale à celle du Temple de Bubastis, & aux Temples Grecs.

Ce superbe modele de Temple, cette tente magnifique élevée par les Israëlites dans le désert, étoit composé d'un *Naos*, ou corps de Temple, & d'un *Ieron* ou enceinte qui l'environnoit. Le *Naos* qui contenoit l'espace appellé *le Saint*, & ce lieu plus sacré nommé le *Saint des Saints*, avoit trente coudées de long, douze de large, & dix de haut ; il ressembloit par son plan à cette espece de Temple que les Grecs appelloient *Prostyles*, parce qu'ils avoient des colonnes au-devant : ce que la compofition du mot grec exprime. La longueur de l'intérieur de l'Edifice, étoit partagée par quatre colonnes, qui séparoient *le Saint*, de l'*Oracle* ou *du Saint des Saints*.

La masse générale de son élévation étoit aussi semblable, à peu-près, à celle des Temples *Prostyles*. Elle nous préfente une assez grande fingularité, dont on pourroit faire usage pour prouver l'antiquité de cet Edifice, fi on avoit besoin de cette forte de preuve ; car sa façade avoit cinq colonnes dans sa largeur, & par conséquent une dans le milieu ; & c'est une chose qui nous paroît bien mériter d'être obſervée, qu'on ne trouve cette irrégularité que dans trois Temples, qui tous paroiſſent être de la plus haute antiquité ; l'un en Egypte, l'autre dans la Grece, à Egine ; & l'autre dans la grande Grece, à *Peſtum*.

L'enceinte étoit auſſi diſpoſée d'une maniere très-noble, elle avoit dans l'intérieur cent coudées de long & cinquante de large. Vingt colonnes décoroient les grands côtés, les petits en contenoient dix. Des toiles tendues derriere les colonnes, ſoutenues par des Pilaſtres éloignés à la diſtance néceſſaire pour former un Périſtile, entouroient le Temple par dehors, & l'eſpace compris entre les toiles & les colonnes étoit couvert par-deſſus avec d'autres toiles, ou des peaux. Enfin, il y avoit des rideaux au droit des colonnes, qui ſe tiroient, & qui donnoient la facilité de fermer ou d'ouvrir le périſtile de l'enceinte, par dedans. Les autres détails feront examinés dans un Ouvrage plus étendu : celui-ci ne peut ſouffrir de grands développemens : & c'eſt pour cette raiſon que nous ne dirons rien du Temple de Salomon, dont la diſpoſition étoit très-compliquée.

L'analogie certaine que ce beau modele de Temple avoit avec celui de Bubaſtis, eſt celle-ci ; dans ce dernier, le *Naos* qui contenoit la ſtatue de la Déeſſe , étoit environné d'une vaſte enceinte ; & le *Naos* du Tabernacle, le lieu qui contenoit le Saint des Saints, l'Oracle , étoit auſſi environné d'une enceinte ſemblable.

Si on admet encore notre ſuppoſition , que l'enceinte du Temple de Bubaſtis étoit environnée de colonnes , que les murs du *Naos* étoient liſſes , & qu'il avoit ſeulement des colonnes à ſa façade : ſuppoſition qui , d'après les Temples Egyptiens que nous connoiſſons, paroît , très-vraiſemblable ; alors on ſera ſurpris de la grande analogie de la diſpoſition de ce Temple avec celle du Tabernacle.

Le rapport du Temple de Bubaſtis avec celui de Jupiter Olympien , à Athênes , étoit encore plus frappant ; on va voir que le Temple Grec , avoit été fait ſur le modele, & même ſur les meſures du Temple Egyptien.

Du Temple de Jupiter Olympien,

Et de ſon rapport avec celui de Bubaſtis & le Tabernacle.

» Ce Temple fameux étoit ſitué dans la partie baſſe de la ville , en deſcendant du Prytanée , comme Pauſanias l'inſinue , & au Nord de la citadelle , ainſi que Thucydide le remarque ; il fut l'ouvrage de pluſieurs ſiécles ,

cles, & de plusieurs Souverains, qui aimerent les Arts & se piquerent à l'envi de l'embellir, ou de l'achever.

Le premier Temple du nom de Jupiter, fut élevé à Athênes par Deucalion. Ce Temple subsista 950 ans, jusqu'à la cinquantiéme Olympiade, qu'étant tombé en ruine, Pisistrate entreprit d'en faire élever un autre sous le nom de Jupiter Olympien. Ce furent les Architectes Antistates, Callæschros, Antimachides & Perinos, qui en jetterent les fondemens. Ils firent tant de diligence, & l'avancerent au point que Pisistrate le dédia ; quoiqu'il fût cependant si éloigné de la perfection à laquelle il parvint dans la suite, que même sous les fils de ce Prince qui le continuerent, il n'étoit qu'à demi achevé. Le Dessein de ce Temple étoit si grand & si magnifique, qu'il imprimoit déjà, selon Dicearque, un sentiment d'étonnement & d'admiration. Persée, Roi de Macédoine, & Antiochus Epiphanès y firent aussi travailler. Sylla le ruina en partie, mais les Rois alliés de la République Romaine le firent rétablir à frais communs, dans la vue de le consacrer au Génie d'Auguste. Il étoit un de ces quatre Temples si célébres dans la Grece par leur beauté ; les trois autres étoient celui de Diane à Ephese, celui d'Apollon à Milet,

& celui de Cérès à Eleufis. Vitruve qui nous apprend plufieurs de ces particularités dans la Préface de fon feptiéme Livre , fe trompe quand il ne met que 200 ans d'intervalle entre Pififtrate qui le commença & Antiochus qui y fit travailler : ce ne fut que 400 ans après le régne du premier , qu'Antiochus chargea Coffutius , citoyen Romain , de réparer ce Temple. Cet Architecte acheva la grand nef, pofa les colonnes du portique qui devoit être diptère , fit les frifes & les architraves ; tous ces ornemens , qui étoient de l'ordre Corinthien , lui acquirent beaucoup d'honneur.

Vitruve , Liv. III , nous donne une idée de la difpofition de ce Temple : en parlant de l'hypætre décaftyle , il dit, » Que cette efpece » de Temple a en dedans, tout au tour, deux » ordres de colonnes pofées les unes fur les » autres, & féparées de la muraille pour for- » mer des portiques comme aux périftyles;que » le milieu eft découvert, ce que fignifie le » mot grec *hypæthre*, & qu'on n'en voit d'exem- » ple que le Temple de Jupiter Olympien , à » Athênes, mais qu'il n'eft qu'Octoftyle , *fed* » *Athenis Octoftylos*, dans tous les exemplai- » res ». Il faut que M. Prideaux [a] n'ait pas

---

(a) Dans ces Marbres d'Arundel.

fait la moindre attention à ces derniers mots ;
pour avoir voulu changer cet octostyle en dé-
castyle.

On voyoit dans l'intérieur la Statue de Jupiter Olympien consacrée à ce Dieu par
Adrien, lorsqu'il lui dédia ce Temple. Cette
magnifique Statue étoit d'or & d'ivoire,& l'on
étoit surpris que toutes ses proportions fussent
si bien observées, quand on considéroit sa
grandeur. Dans le même lieu, il y avoit quatre Statues de l'Empereur Adrien, deux en
marbre de Thasos, & deux autres en marbre
d'Egypte. Devant [a] les colonnes du portique qui environnoient la *cella* du Temple,
étoient les Statues des Colonies des Athéniens.

Ce superbe Temple s'élevoit au milieu d'u-
ne vaste enceinte quarrée , dont les murs
avoient quatre stades de circuit. Dans l'espace
compris entre le corps du Temple & le contour de l'enceinte, il y avoit un très grand
nombre de statues : chaque ville de la Grèce
y en avoit érigé une à Adrien ; mais les Athéniens se distinguerent singulierement des autres Peuples, par le colosse merveilleux qu'ils

____

(a) M. l'Abbé Gédoin traduit *sur*, comme s'il y avoit
dans le Grec ἐπί, au lieu de πρὸ.

y éleverent à ce Prince derriere le Temple.
On voyoit dans le même éfpace une ftatue de
Jupiter en bronze , un vieux Temple de Sa-
turne , un bois facré de Rhée furnommée
Olympienne , & une ouverture large d'une
coudée, par où le peuple d'Athênes publioit
que s'étoient écoulées les eaux, après le déluge
de Deucalion. On y voyoit auffi la ftatue d'I-
focrate , & en marbre de Phrygie celles de ces
Perfes , qui foutenoient, dit Paufanias , un tré-
pied de bronze , & qui pouvoient paffer pour
des chef-d'œuvres.

Cet Edifice fi célébre dans l'Antiquité , dit
Tite-Live , étoit le feul digne de la majefté du
Dieu à qui il fut élevé. Il fut confacré deux
fois ; la premiere par Pififtrate , & la feconde
par Adrien, comme nous l'avons dit. Si ce
dernier Empereur fit éclater fa magnificence
en l'achevant, il en fit encore la dédicace avec
beaucoup de pompe. Il ordonna à Polémon
de compofer des hymnes pour ce fujet , &
voulut qu'on mît dans ce Temple un Dragon
qu'il avoit fait apporter d'Afrique. Cette dédicace fut célébrée dans la CCXXVII Olympiade. Ce monument & les Propylées coûterent enfemble plus de dix mille talents à
conftruire, felon Dion Chryfoftôme : & comme les Propylées, ainfi que nous l'avons dit

dans son lieu, n'en coûterent que 2000, il s'en suit que le Temple de Jupiter Olympien en coûta seul 80000, qui reviennent à 24 millions de livres de notre monnoie, en estimant, comme plusieurs Auteurs l'ont fait, le talent Attique à peu-près mille écus de France [a].

(a) Afin que les Lecteurs soient en état de juger, si M. Stuart à raison, quand il avance que mes descriptions different peu de celles de Messieurs Spon & Wheler ; je mettrai ici en note tout ce que le premier dit sur l'historique de ce monument ; & je dirai aussi un mot de ce que Wheler en rapporte. Spon, tom. 2. pag. 186, édition de Lion ; » le Temple de Jupiter Olympien est en la par- » tie basse de la Ville, en descendant du Prylanée comme » Pausanias le marque. Selon le même Auteur, il avoit en- » viron quatre stades de tour. Il est au Nord de la Cita- » delle, comme Thucydide l'a remarqué. On voyoit au- » trefois proche de ce Temple le tombeau de Deucalion, & » un trou dans la terre par où les Athéniens croyoient que » les eaux du Déluge s'étoient écoulées ; en mémoire de » quoi en y jettoit tous les ans un gâteau consacré ».

Wheler rapporte les mêmes traits historiques sur ce Temple & raconte tout ce que Pausanias en dit, en traduisant le passage entier où cet Auteur en parle. Mais on peut voir par ma description, que l'histoire fournissoit sur ce monument des traits très-intéressants, qui sont échappés à ces Auteurs, & qu'une recherche plus étendue m'a mis en état de rapporter.

Ce Temple, comparé à celui de Bubaſtis, offre d'analogies certaines celles qu'on va déduire. Ils étoient compoſés chacun de ces deux parties, du corps du Temple, & d'une enceinte très-vaſte. Ces enceintes avoient auſſi les mêmes meſures, elles avoient toutes les deux quatre ſtades, ſi on entend le paſſage où Hérodote détermine le pourtour du Temple Egyptien, comme je l'ai conçu, & comme l'Auteur de la verſion latine de l'édition que j'ai cité l'a entendu. Enfin, ils ſe reſſembloient encore dans cette ſingularité, qui devoit en rendre l'aſpect très-beau, très-varié, & très-myſtérieux. Le Naos de l'un & de l'autre de ces Temples, étoit couvert, & entouré d'un bois ſacré, planté dans l'enceinte.

Nous ſoupçonnons auſſi, qu'au Temple de Jupiter Olympien, l'enceinte étoit environnée en dedans d'une colonnade, comme nous en avons ſuppoſé une au Temple de Bubaſtis : & ſi on admet cette conjecture, que nous jugeons très-vraiſemblable, on verra encore beaucoup augmenter le rapport qu'ils avoient l'un & l'autre avec le Tabernacle ; où la colonnade, qui décoroit ſon enceinte intérieurement, eſt exprimée de la maniere la plus claire.

Defcription hiftorique du Pantheon d'Adrien.

» Le Panthéon d'Adrien annonçoit par fa
» grandeur & par fa beauté , la magnificence
» du Prince qui l'avoit fait élever. On y admi-
» roit fur-tout, dit Paufanias, cent vingt colon-
» nes de marbre Phrigien. Le dedans étoit fans
» doute orné d'un nombre infini de Statues, puif-
» que ce Temple étoit confacré à tous les Dieux.
» On voyoit dans l'intérieur un monument qui
» prouvoit l'amour d'Adrien pour les Beaux-
» Arts & la paffion extraordinaire de ce Prince
» pour l'Architecture ; c'étoit la lifte des Tem-
» ples qu'il avoit bâtis, de ceux qu'il avoit
» décorés, ou enrichis de préfens , des bien-
» faits fans nombre dont il avoit honoré les
» villes Grecques , & des graces mêmes qu'il
» avoit accordées aux Barbares.

» Le portique que l'on admiroit encore dans
» ce Temple felon le même auteur, avoit fes
» murs du même marbre Phrigien que les co-
» lonnes, il y avoit auffi des niches décorées
» de peinture , de Statues , & dont le plafond
» brilloit d'or & d'albatre».

Ce Temple par fa difpofition générale ,
comme nous le ferons voir , étoit tout-à-
fait femblable à celui de Jupiter Olympien ,

qu'il furpaffoit en magnificence ; ayant
dix colonnes de face, au lieu que huit, feulement , ornoient celle du dernier ; mais
comme cette difpofition n'eft point décrite par
Paufanias , & qu'elle tient à de grandes difcuffions fur les Ruines d'Athênes , nous n'avons
rapporté fur ces deux Edifices , que la partie
hiftorique feule , qu'on peut tirer des écrits des
Auteurs anciens , & fans s'aider des con-
noiffances que peut fournir la vue d'Athênes :
cette derniere partie demandant un examen
très-long , nous l'avons par cette raifon traitée à part dans ce qui va fuivre.

OBSERVATIONS,

Sur la fituation refpective de quelques Edifices
d'Athênes.

Dans ces Villles célébres , dont les Ruines
rappellent au fpectateur qui les confidere , la
puiffance & les lumieres des Peuples qui les
ont habitées , les conféquences qu'on pourroit
tirer de la fituation feule des Edifices , pour les
reconnoître , feroient quelquefois affez hazar-
dées. Des monumens qui fe touchent prefque ,
font fouvent féparés par des différences fenfi-
bles dans le goût qui y regne , & par des fié-
cles d'intervalles écoulés entre le tems de leur
conftruction

conſtruction. Il faut donc joindre à l'examen des lieux où ſont ſituées des ruines, celui des variétés frappantes ou difficiles à ſaiſir, que leur enſemble ou leurs détails nous préſentent. C'eſt ce qui nous a porté dans nos recherches ſur Athênes, à préférer la méthode qui nous a paru la plus lumineuſe, à cette marche rapide, qui offriroit à l'eſprit un tableau plus varié, plus grand peut-être, mais certainement auſſi beaucoup plus vague.

Dans cet examen, nous regarderons comme des points donnés, la ſituation connue d'un petit nombre de monumens importans ; & nous tâcherons de déterminer celle de quelques Edifices plus ignorés(a). Des lignes droites dont les extrémités aboutiront à ces points capitaux, nous donnerons d'abord une idée générale de la route que Pauſanias tint en parcourant Athênes ; & d'autres lignes qui les couperont tranſverſalement, indiqueront d'une maniere aſſez vague à la vérité, mais la ſeule qu'il ſemble qu'on puiſſe hazarder, différens lieux où on peut ſuppoſer qu'un même Edifice ſe trouvoit.

Pauſanias, celui des Auteurs anciens qui nous fournit le plus de lumieres ſur l'objet de notre recherche, arrive par mer au fameux Port

______

(a) Voyez la Planche premiere.

E

de Pirée, affez éloigné d'Athênes. Il s'avance vers la Ville, & parvint à ce Théâtre , dit-il, qu'on appelloit Odeum : à cet Edifice fuperbe , confacré au concours qu'y faifoient entr'eux les Muficiens les plus célébres. Il parle des ftatues qui l'ornoient, de celles des Ptolomée, de Philippe, d'Alexandre, de Lyfimaque ; & paffe enfuite à l'indication & à la defcription des autres monumens qui fe trouvent entre l'Odeum & le Temple de Théfée.

On peut voir dans les Auteurs qui ont écrit fur Athênes, & dans mon Ouvrage fur la Grece, le détail de tout ce qui a fervi à faire reconnoître l'Odeum & le Temple de Théfée. Leur pofition paroît fi bien connue , que je me contenterai de l'indiquer dans la planche premiere , qui repréfente à peu-près l'efpace qu'occupoit Athênes. Le premier de ces Edifices étoit fitué dans le lieu marqué A, le fecond en B.

ROUTE DE PAUSANIAS,

De l'Odeum au Temple de Théfée.

Paufanias, partant de l'Odeum, fait mention de divers monumens ou lieux remarquables. Voici l'ordre dans lequel il les nomme ; il parle de la fontaine Enéacrêne ; de deux Temples, l'un de Cérès, l'autre de Proferpine ; du

Temple d'Euclée, de celui de Vénus Uranie, d'un Mercure furnommé Agoreus, ou protecteur des Marchés ; du Pœcile, de la Place publique, du gymnafe de Ptolémée ; & enfin du Temple de Théfée. Entreprendre fur les expreffions dont il fe fert, *plus haut*, *un peu plus loin*, *près de-là*, d'affigner la place de chaque monument, ce feroit donner beaucoup trop aux conjectures ; nous nous contenterons d'indiquer feulement les lignes fur lefquelles ils devoient à peu-près fe trouver, en coupant (*Pl. I.*) la capitale A B, par autant de tranfverfales, que Paufanias nomme de monumens, ou de lieux remarquables, depuis l'Odeum jufqu'au Temple de Théfée.

Ce voyageur éclairé, dont nous fuivons pas à pas la route, quittant le dernier Edifice, s'avance vers le Temple confacré à Jupiter Olympien : voyons quelle dût être la direction de fa marche.

De la fituation du Temple de Jupiter Olympien.

Thucydide nous apprend en général, que le Temple de Jupiter Olympien étoit au Nord (*a*)

(*a*) Il y a différentes opinions fur le paffage ou Thucydide parle de la fituation des principaux Temples d'Athênes. Nous les examinerons dans la fuite.

'de la Citadelle ; mais Paufanias femble déterminer plus particuliérement fa pofition. Il
nous inftruit qu'il étoit fitué dans la partie baffe
de la Ville, & qu'on le trouvoit en defcendant
du Prytanée. Or, comme le Bazar eft précifément à cette expofition ; & qu'il eft dans un
lieu fi bas, qu'on me raconta à Athênes que
les corps fufceptibles d'être altérés par les mau-
vaifes qualités de l'air, y dépériffoient plus
qu'ailleurs ; il y a tout lieu de croire que c'eft
vers le Bazar, qu'étoit fitué le Temple de Jupiter Olympien : & à peu-près même où font
les ruines marquées C. planche premiere.

Si on confidere encore fur cette planche, la
direction de la route de Paufanias, on reconnoîtra qu'en allant de l'Odeum au Temple de
Théfée, il commença à laiffer la Citadelle fur
fa droite : & tout femble prouver, quand on
lit fa relation, que voulant voir & décrire
avec ordre les monumens de cette fuperbe
Ville, il fuivit en la parcourant une marche réguliere ; & qu'il continua à tourner autour de
la Citadelle, en la laiffant toujours à fa droite.
Il décrivit donc d'abord les mouvemens fitués
au Nord de cette Fortereffe ; donc le Temple
de Jupiter Olympien, le plus confidérable de
ces Edifices, étoit fitué comme nous l'avons
dit, vers C.

ROUTE DE PAUSANIAS,

Du Temple de Théfée, à celui de Jupiter Olympien.

Ce voyageur nomme, entre les deux Temples énoncés dans ce titre, celui des Diofcures, une Chapelle dédiée à Aglaure, le Prytanée, le Temple de Serapis, un lieu où Théfée & Pirithoüs s'engagerent enfemble à aller à Sparte : il nomme auffi le Temple de Lucine, & arrive enfin à celui de Jupiter Olympien. Pour donner une idée générale de la fituation des divers monumens dont cet Auteur parle, nous avons, comme dans la premiere route, marqué par des lignes tranfverfales, les lieux indiqués dans fa relation.

Si nous nous fommes contentés de défigner d'une maniere vague la pofition de quelques-uns de ces Edifices les moins connus, en fuppofant qu'ils pouvoient être placés vers tous les points de ces lignes tranfverfales que nous avons tracées, nous croyons pouvoir affigner plus précifément celle du Prytanée : en effet, puifque felon Paufanias , on defcendoit de cet Edifice pour aller au Temple de Jupiter Olympien, cette circonftance indiquant que le Prytanée étoit affez élevé , nous détermine auffi à croire qu'il étoit à droite de la

route que fuivoit l'Auteur ancien. Nous penfons donc qu'il pouvoit être vers F. Conti-
nuons à fuivre Paufanias, il nous parle du Panthéon d'Adrien , cherchons le lieu d'Athênes
où on voyoit ce magnifique Temple.

De la fituation du Panthéon d'Adrien.

Si nous voulons trouver la fituation du Panthéon bâti par Adrien,nous devons la chercher
d'abord dans ce quartier d'Athênes qui avoitpris
le nom de cet Empereur. L'enceinte marquée
d'un petit A , montre à peu-près l'efpace où
il fit plus particuliérement éclater fa magnificence. Le chifre 17 , indique un monument
d'Adrien , qui nous fait juger que la Ville s'é-
tendoit jufques-là ; & le chifre 14, défigne le
portique de Théfée , dont tous les voyageurs
ont parlé. On y voitdeux infcriptions ; l'une fur
la face qui regarde la Citadelle , nous apprend
que de ce côté-là étoit la Ville de Théfée;
l'autre fur la face oppofée , nous inftruit que
l'efpace qui eft au-devant , appartenoit à la
nouvelle Ville d'Adrien.

Très-près de cet arc, dans le dernier efpace
dont nous venons de parler, on voit 17 colonnes Corinthiennes , de plus de 50 pieds de
haut. Il paroît donc, on ne peut pas plus vraifemblable , qu'elles faifoient partie d'un Edifice conftruit par Adrien , puifqu'ellesfe trou-

vent dans l'efpace qui portoit le nom de Ville
de cet Empereur, & attenant prefque à l'Edifice deftiné à nous en inftruire.

La grandeur extrême de ces colonnes le
prouve encore, puifqu'elle annonce un ouvrage
immenfe, & qui dût coûter des fommes qui
femblent au-deffus de celles que la Ville d'A-
thênes pouvoit y employer (a). La tradition
même, quelque foible que foit cette preuve, doit
auffi être regardée comme favorable à notre
conjecture ; fi on confidere combien ce monument peu ancien a dû frapper les Athéniens.
Mais la difpofition de cet Edifice nous four-
nira des preuves encore plus fortes, qu'il doit
être regardé comme le Panthéon d'Adrien.
Nous l'expliquerions ici, fi nous n'étions pas
indifpenfablement obligés de le faire dans la
fuite de ces obfervations.

A l'égard de la route que Paufanias tint en
allant à cet Edifice, du Temple de Jupiter
Olympien, comme il revint fur fes pas, &
qu'elle nous inftruit moins que les précédentes, nous n'en examinerons pas les détails ;
nous nous contenterons de dire que les 17
colonnes font marquées par D. Je ne parlerai
pas non plus du ftade, dont la fituation eft

____

(a) On appelle à Athênes, ces ruines, celles du Palais
d'Adrien.

aſſez connue, j'ai marqué par E, le lieu où on
le voit.

DE LA ROUTE DE PAUSANIAS,

*Du Temple de Jupiter Olympien au Stade, & du
Stade au Prytanée.*

Le tombeau de Niſus, l'*Iliſſe*, l'*Eridan*, le
Temple de Diane Agrotera, le Stade, voilà
ce dont Pauſanias nous parle, après avoir quit-
té pour la ſeconde fois le Temple de Jupiter
Olympien. Il va enſuite du Stade au Prytanée, dont nous avons aſſigné la poſition en F;
il décrit après, des monumens ſitués dans les
environs de la Citadelle, la parcoure, & ayant
encore dit un mot de ceux qu'il vit en en ſor-
tant, il quitte la Ville pour examiner ce que
ſes dehors offroient de curieux.

Voilà donc l'idée générale, la plus claire
que nous ayons pû donner de la marche de
Pauſanias; nous croyons avoir montré mani-
feſtement que partant de l'Odeum, & prenant
à gauche, il fit le tour de la Citadelle; qu'il
alla d'abord au Temple de Théſée, de ce dernier à celui de Jupiter Olympien, & s'en écar-
tant pour voir le Panthéon d'Adrien, y revint;
qu'il repartit de nouveau de ce Temple de Jupiter, pour achever le tour de la Ville, en
allant

aïllant au Stade, & du Stade au Prytanée.

Après avoir expliqué nos idées, sur la situation respective des Edifices d'Athênes, & mis le lecteur en état de reconnoître les différentes ruines de cette Ville ; nous examinerons les opinions de M. Stuart sur ces mêmes ruines.

EXAMEN

De l'opinion de M. Stuart sur les deux plus grandes Ruines d'Athênes.

M. Stuart prétend que l'une de ces Ruines, (marquée C, planche premiere) située près du Bazar, & que j'ai prise pour les restes du *Temple de Jupiter Olympien*, faisoit partie du *Pœcile*; & il suppose que les dix-sept colonnes, (marquées D) que j'ai crû avoir appartenu au *Panthéon d'Adrien*, étoient celles du *Temple de Jupiter Olympien*. Je vais faire voir par rapport au premier de ces Edifices, que sa situation indiquée par Pausanias, est contraire à celle que lui assigne M. Stuart, & je montrerai que la position du Temple de Jupiter Olympien à Athênes, désignée par les Anciens, & ce qu'ils nous apprennent de sa disposition, font deux données absolument incompatibles avec les conjectures de l'Auteur Anglois sur ce monument.

Dans cet Examen, Pausanias sera notre

G

guide : & pour que le lecteur puiſſe mieux le ſui-
vre, j'ai rangé, ſelon l'ordre dans lequel il les
nomme, tous les Edifices, ou les lieux remarquables dont il parle, depuis l'Odéum, juſqu'au
Panthéon d'Adrien, ce qui comprend la partie
la plus intéreſſante d'Athênes, par rapport aux
Ruines que nous avons deſſein d'examiner :
on peut en voir la liſte, dans la note ci-deſ-
ſous (a).

De la ſituation du Pœcile, ou du Portique, à Athênes.

Le Portique, ou le *Stoa*, appellé *Pœcile*, à
Athênes, à cauſe de la variété de ſes pein-

(a) L'Odeum.

La Fontaine Enneacrène.

Le Temple de Cérès.

Le Temple de Proſerpine.

Le Temple d'Euclée.

Le Temple de Vénus Uranie.

La Statue de Mercure Ago-
reus.

Le Pœcile.

La Place Publique.

Le Gymnaſe de Ptolomée.

Le Temple de Théſée.

Le Temple des Dioſcures.

Une Chappelle dédiée à
Aglaure.

Le Prytanée.

Le Temple de Sérapis.

Un lieu remarquable.

Le Temple de Lucine.

Le Temple de Jupiter Olympien.

Le Temple de Junon.

Le Temple de Jupiter Pa-
nellénien.

Le Panthéon d'Adrien.

tures, étoit un des Edifices les plus célébres de cette Ville : M. Stuart pense que ses Ruines sont celles que j'ai prises pour les restes du Temple de Jupiter Olympien. Je vais examiner sur quelles autorités il fonde son opinion.

. Pausanias, comme on l'a vu dans la liste que je viens d'indiquer, ne fait mention que de quatre Temples & de deux lieux remarquables entre l'Odeum & le Pœcile, & nomme ensuite seulement la Place Publique & le Gymnase de Ptolomée, avant d'arriver au Temple de Thésée. Or si on considere (planche premiere) le lieu où le Pœcile devoit être situé, entre le Temple de Thésée & l'Odeum, on reconnoîtra que Pausanias dût le rencontrer bien avant d'arriver vers C, où sont les Ruines que M. Stuart prend pour celles de cet Edifice. Ainsi, ce ne peut donc être sur la marche réguliere de Pausanias, que l'Auteur Anglois entreprend de déterminer la situation de ce monument ; ce ne peut être que d'après la maniere vague dont le voyageur ancien s'exprime, quand il dit, après avoir parlé du Temple de Vénus Uranie, *en allant au Pœcile, vous trouverez un Mercure en Bronze* : voyons quelle peut être la valeur de ces expressions. Si on dit qu'elles sont vagues, il s'ensuivra que l'Edifice pouvoit être situé sur tous les rayons de cercle qu'on pouvoit tirer du Temple de Vénus Uranie, & alors elles ne nous apprendront rien fur la pofition du Pœcile : fi on dit qu'elles ont un fens précis, il faudra indiquer les points par lefquels devoit paffer la ligne qui auroit été aboutir à ce dernier monument. M. Stuart prétend avoir fixé ces points ; il dit qu'il a trouvé le lieu où étoit le Mercure en bronze ; mais puifqu'il ne le prouve pas, nous pouvons regarder ce lieu comme inconnu. Nous ignorons également la fituation du Temple de Vénus ; ainfi rien ne peut déterminer la ligne qui partant de cet Edifice, auroit été aboutir au Pœcile.

C'eft donc fans autorités, que M. Stuart fuppofe que Paufanias voulant aller de l'Odeum au Temple de Théfée, paffa par le lieu où font les ruines marquées C. Cette irrégularité frappante, dans fa route, paroîtroit vraifemblable, fi ces Ruines offroient quelques particularités qui défignaffent le Pœcile ; mais c'eft ce qu'il n'a pû nous faire voir ; examinons fi fes conjectures fur le Temple de Jupiter Olympien font plus heureufes.

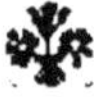

*De la difpofition du Temple de Jupiter Olympyen,
& de celle des Ruines que M. Stuart prend pour
les reftes de ce Temple.*

(*a*) Vitruve en nous donnant la defcription
de l'Hypæthre, nous fait auffi connoitre la difpofition du Temple de Jupiter Olympien. Il nous
apprend qu'ils ne différoient l'un de l'autre,
qu'en ce que l'hypæthre parfait étoit *Décaftyle*,
& que le Temple de Jupiter Olympien n'étoit
qu'*Octaftyle*; c'eft-à-dire, que l'un avoit dix
colonnes de face, & que l'autre n'en avoit
que huit. Voyons fi les ruines que M. Stuart a
prifes pour celles du Temple de Jupiter Olympien, font celles d'un Temple *Octaftyle*.

Ces Ruines font 17 colonnes, marquées en D,
dans la planche premiere. Si par leur fituation refpective elles indiquoient que les aîles du Tem-

----

(*a*) Liv. 5. Chap. 1. Hypæthros verò decaftylos eft in
pronao, & poftico : reliqua omnia eadem habet, quæ
Dipteros, fed interiore parte columnas in altitudine du-
plices remotas à parietibus ad circuitionem, ut porticus
periftyliorum : medium autem fub divo eft fine tecto, adi-
tufque valvarum ex utraque parte in pronao, & poftico.
Hujus autem exemplar Romæ non eft, fed Athenis Octaf-
tylos, in Templo Jovis Olympii.

ple,dont elles faifoient parties, n'avoient dans toute leur longeur que 16 ou 17 colonnes, on pourroit penfer qu'il n'étoit qu'*Octaftyle* ; mais malheureufement pour la conjecture de M. Stuart, (*a*) on voit que fes aîles avoient vingt colonnes dans leur longueur. Or je demande à ceux qui connoiffent la difpofition des Temples Grecs ou Romains, fi ces deux Peuples en ont jamais faits de cette proportion. Celui de Minerve à Athênes, dont la façade a huit colonnes, en a 17 dans toute la longeur de fes aîles ; c'eft la forme la plus allongée que les Grecs donnaffent à leurs Temples Octaftyles, & les Romains au rapport de Vitruve les faifoient beaucoup plus courts. Nous conclurons donc, d'après la proportion générale & connue des Temples Grecs, que celui dont nous parlons,qui avoit vingt colonnes à fes aîles,en avoit néceffairement dix à fa façade ; qu'il étoit *Décaftyle* & non pas *Octaftyle*, & parconféquent qu'il ne pouvoit pas être le Temple de Jupiter Olympien.

Le nombre & la difpofition des colonnes de ces Ruines annonçant qu'elles faifoient partie d'un Temple qui avoit 120 colonnes jufte ;

____

(*a*) Ruines de la Grece, feconde partie, planche 23.

comme Paufanias nous dit qu'il y en avoit cent vingt très - remarquables dans le Panthéon d'Adrien ; il y a donc tout lieu de croire qu'elles font les reftes de ce fuperbe Edifice : puifque ce feroit la chofe la plus extraordinaire, que cette fimilitude fût un effet du hazard.

Cette derniere preuve nous paroît fi forte, que nous penfons qu'elle ne peut-être altérée par les petites différences qu'on pourroit remarquer, felon M. Stuart, entre le marbre Phrigien, dont Paufanias dit qu'étoient les colonnes de ce Panthéon, & celui des Ruines que nous avons prifes pour celles de cet Edifice. De ces obfervations fur la difpofition du Temple de Jupiter Olympien, paffons à l'examen de ce que Thucydide rapporte de fa fituation : Voyons fi fon récit eft auffi favorable à l'opinion de M. Stuart, qu'il l'imagine.

Avant Théfée, (dit Thucydide) *ce qui eft aujourd'hui la Citadelle, étoit la Ville, ainfi que la partie au-deffous de la Citadelle, qui eft principalement tournée vers le Nord. En voici la preuve : il y a en effet dans la Citadelle même & hors de la Citadelle, des Temples d'autres Divinités : dans cette partie de la Ville, on voit principalement le Temple de Jupiter Olympien, celui d'Apollon Pythien, celui de la Terre, & celui de Bacchus Dionisien dans le lieu dit les Marais (a).*

J'ai suivi en traduisant, comme on l'a vu dans la derniere note, le sentiment de Valla. M. Stuart prétend que cet Auteur, Palmérius, Hudson, Spon & Wheler, se sont trompés ; que l'opinion de Valla n'est pas fondée, & que c'étoit vers le midi qu'étoit tournée cette partie d'Athênes où on trouvoit principalement

---

(*b*) Valla, qui lit dans l'Auteur Grec πρὸς ἄρκτον, au lieu de πρὸς νότον, traduit ainsi. Edit. d'Hen. Eti. pag. 111. & 112. *Ante Thesea, quæ nunc summa urbs est, tunc urbs fuit, & id præcipuè quod sub ea spectat Aquilonem : ut testantur quæ ibi sunt delubra etiam aliorum deorum, & quæ extra illud sunt, ab hac præcipuè parte extructa delubra visuntur, Jovis Olympii, & Apollinis Pythii, Telluris, Bacchi in limnis, &c.*

Palmérius qui semble adopter cette correction, paroît l'appuyer sur des autorités plus propres à la faire rejetter qu'à porter à l'admettre ; mais il y en a de plus solides, & ce sont apparemment celles qui ont déterminés MM. Spon & Wheler, à lire dans Thucydide ἄρκτον au lieu de νότον ; elles sont tirées & de la route de Pausanias, qui partant, comme nous l'avons fait voir, de l'Odeum, passant par le Temple de Théfée & suivant sa route, dût laisser la Citadelle à sa droite, & rencontrer le Temple de Jupiter Olympien vers le Nord, & de ce que cet Auteur dit, qu'il étoit dans la partie basse de la Ville, en descendant du Prytanée, qui ne pouvoit pas être loin de l'entrée de la Citadelle.

les

39

lès Temples ; mais j'ajouterai aux raifons que
j'ai rapportées, pour prouver que le Temple de
Jupiter Olymp en , en particulier , étoit au
Nord de la Citadelle ; que ce paffage de Thucydide ; n'eft pas auffi exclufif que la traduction de M. Smith, que M. Stuart adopte (a), le
feroit penfer. L'Hiftorien Grec dit bien , que
les Temples les plus anciens étoient fitués
dans la partie qui eft au-deffous de la Citadelle,
& *principalement* (b) dans celle qui étoit tournée
d'un certain côté ; mais il ne dit pas qu'ils ne
fe trouvaffent que dans la Citadelle, & d'un
côté exclufivement à tous les autres ; ainfi ,
foit qu'on envifage ce côté dont il parle particuliérement, comme regardant au Nord ou
au Sud , il n'en fera pas moins vrai qu'il entend
qu'il y avoit des Temples dans les autres parties qui étoient au-deffous de la Citadelle ,
quoiqu'il ajoute, qu'il y en avoit un plus grand
nombre fitués à une certaine expofition : & il
eft d'autant plus certain, que Thucidide , dans

(a) Page 38. Antiquités d'Athênes.

(b) *principalement*. Si Thucydide avoit parlé d'une maniere abfolue, exclufive, il auroit dit : πρὸς τοῦτο, (ou ἄκλι,)
τετραμμένον, au lieu qu'il fait entendre , qu'il parle d'une
maniere plus générale, en difant πρὸς τοῦτο, (ou ἄκλω,)
μάλιστα τετραμμένον.

ce paſſage, s'eſt exprimé comme nous le di-
ſons, d'une maniere générale, que s'il avoit
parlé différemment, ſon réçit feroit contredit
par les faits ; puiſque le Temple de Théſée
dont l'antiquité eſt très-conſtatée, eſt fituée
dans la partie d'Athênes, tournée vers le
Nord, & qu'on trouve de fort grandes ruines
de ce côté.

Il ne nous reſte plus à examiner, que ce qui
concerne l'enceinte du Temple de Jupiter
Olympien, & le rapport qu'elle a, avec la grandeur de celle dont on voit quelques traces, autour des ruines que M. Stuart prend pour les reſtes de ce Temple. M. *Vernon* (a) jugea que l'enceinte de ces ruines avoit d'un côté 1000 pieds
Anglois de longueur & de l'autre 680, ce qui
feroit pour ſon contour entier, 3360 pieds ; &
par conféquent plus de cinq ſtades Grecs ordi-
naires : & cette enceinte paroît proportionnée
pour un Temple, dont le *Naos* avoit plus de
300 pieds Anglois de longueur. M. Stuart
nous en donne une autre idée ; il dit *qu'elle
avoit prefque quatre ſtades de circuit ;* mais comme il ne le prouve pas, que l'enceinte pouvoit être plus terminée du tems de M. Vernon qu'à préſent, nous ne prononcerons point

____

(a) Voyez les Tranſac. Phi. num. 114. pag. 575. Avril
24. 1676.

entre les mefures données par ces deux voyageurs, nous dirons feulement que felon M.
Stuart l'enceinte auroit été un peu trop petite,
pour quadrer avec le récit de Paufanias qui lui
donne plus de quatre ftades, & trop grande
d'un ftade felon M. Vernon.

On voit donc clairement qu'en admet-
tant l'une ou l'autre de ces deux mefures,
il faut toujours, pour la regarder comme celle
de l'enceinte du Temple de Jupiter Olympien,
fuppofer que Paufanias ne s'eft pas exprimé
avec exactitude ; or, ne puis-je pas faire la
même fuppofition pour appuyer ma conjecture.
Sommes-nous affurés par exemple, qu'il n'y eût
pas derriere, devant, ou à côté de l'enceinte
dont on voit une partie au Bazar d'Athênes,
des murs bas qui en auroient augmenté le circuit, & qui auroient été compris dans le tour
que Paufanias fit ? ce qui paroît d'autant plus
vraifemblable qu'il y a à l'extrémité de la façade
de cette enceinte, un mur qui n'a que la largeur d'un pilaftre,& dont la projection en avant
eft fi confidérable, qu'on ne pourroit citer
dans les monumens de l'antiquité, aucune
façade qui fût terminée de cette maniere ; fom-
mes-nous affurés que les maffes, ou les conf-
tructions affez irrégulieres, qu'on voit au milieu, n'ayent pas été élevées fur les débris

d'un Temple ? fommes nous affurés que Paufanias n'ait pas exagéré la grandeur de l'enceinte, ou qu'il ne s'en foit pas rapporté à l'eftime qui en avoit été faite avant lui ; & peut-
être dans des tems, où en général les ftades
dont on faifoit ufage dans la Grèce, étoient
fort p tits ?

Toutes ces caufes d'erreur, ont pû faire, ou
que Paufanias nous ait donné une idée fauffe
de cette enceinte, ou que quelques parties ac-
ceffoires détruites, ne nous mettent plus à
portée d'en juger. Mais felon moi rien ne
peut faire croire qu'un Temple, que Vitruve,
le plus célébre & le plus éclairé des Architectes de l'antiquité, dit qui n'avoit que huit colonnes de face, en ait eu dix, qu'un Temple
le plus grand de tous ceux d'Athênes, fitué
dans l'enceinte & près de la porte de la Ville
d'Adri n, n'ait pas été élevé par cet Empereur ; enfin, que ce Temple qui avoit cent
vingt colonnes, ne foit pas celui que ce Prince
bâtit, qui avoit auffi précifément ce même
nombre de colonnes.

Je terminerai ce que j'ai à dire fur les deux
plus grandes ruines d'Athênes, en remarquant
combien il eft difficile dans ces fortes de
recherches, de rencontrer la vérité ; &
combien les Auteurs qui ont des opinions

différentes ; fe perfuadent facilement qu'ils l'ont trouvée. M. Stuart dit, en parlant des Ruines qu'il regarde comme celles du Temple de Jupiter Olympien, qu'il n'eft pas facile de concevoir comment on a pu prendre quelques autres Ruines pour celles de ce monument ; & je puis affurer avec vérité, que de mon côté, je n'ai pas moins de peine à imaginer, comment M. Stuart a pris ces Ruines pour celles du Temple de Jupiter Olympien.

En m'expliquant avec la même franchife, j'avouerai que je n'ai pas à beaucoup près la même certitude, que les Ruines du Bazar, foient, comme je l'ai dit, celles de ce Temple de Jupiter ; mais d'une autre part, il me paroît prouvé, autant qu'on puiffe prouver des chofes de cette nature, qu'elles ne peuvent être celles du *Pœcile*, ainfi que M. Stuart le fuppofe. Dans cette incertitude, je m'en tiendrai donc à ma conjecture, jufqu'à ce qu'on m'en préfente une qui foit mieux fondée, ce dont je conviendrai, j'ofe le dire, avec beaucoup de franchife : les données qu'on a pour réfoudre ces fortes de problêmes, étant ordinairement fi indéterminées, qu'il en doit coûter peu d'avouer, qu'on s'eft trompé dans leur folution.

Je terminerai ces Obfervations par des remarques fur les autres Edifices, que j'ai donnés, & que M. Stuart critique. Ces critiques par leur nature ne demandant pas de grandes difcuffions pour y répondre, ce que j'en dirai fera fort court. M. Stuart met en parallele les opinions de Meffieurs Spon & Wheler fur la Tour des vents, & ce que j'en ai dit d'après eux, fans trop chercher à le diffimuler ; & il prétend en conclure que j'ai trop profité de ce qu'ils ont écrit fur les ruines d'Athènes. La maniere dont je détruirai cette imputation, fera fimple, & ce que j'ai mis au bas de la defcription du Temple de Jupiter Olympien, tirée de Spon & de Wheler, a dû y préparer. Je dirai donc : ouvrez mon livre & les leurs, comparez les defcriptions des Temples de Pola, des Propylées, du Panthéon d'Adrien, de la Tour des vents même, qu'ils donnent & que je donne auffi, & jugez. Vous verrez que les miennes contiennent, non-feulement fur l'Architecture, mais encore fur la partie littéraire, qui étoit la feule que ces Meffieurs traitaffent, un très-grand nombre de traits qui leur font échappés : & s'il y en a quelques-uns que j'aie rapporté, ainfi qu'eux ; comme ce font les matériaux de l'hiftoire, qui appartiennent à tous ceux qui l'écrivent, on ne peut me reprocher de les avoir employés.

L'opinion de M. Stuart, fur un Portique Do

tique de quatre colonnes, que j'ai pris pour la façade d'un Temple, est que ce frontispice étoit celui d'un marché. Mais comme il se fonde sur deux inscriptions gravées sur des parties assez peu apparentes, ou détachées de l'Edifice, telles que l'embrâsure d'une porte, & un pied-destal très-éloigné de la façade, que d'ailleurs l'une de ces inscriptions ne prouve rien; comme il établit encore son opinion sur la continuité d'un mur, que je n'ai point vû, & qui même ne prouveroit pas davantage s'il subsistoit, puisqu'il y avoit quelquefois près des Temples, des Chapelles qui avoient de semblables murs; comme l'argument qu'il tire d'ailleurs de la légereté des colonnes de ce portique, qu'il attribue à la nature de l'Edifice, au lieu de l'attribuer au tems de sa construction, n'a pas plus de force; j'avoue qu'à cet égard je ne suis pas de son avis. Je lui rendrai plus de justice sur ce qu'il pense de la dédicace de ce monument, d'après une description en caractere très-petit, qu'il faut copier sur une échelle, & qu'on ne trouve point dans mon Ouvrage, parce que je ne l'ai ni copiée ni vérifiée. Je conviendrai avec franchise que ce que j'en ai dit, en faisant usage du fragment imparfait que Messieurs Spon & Wheler en donnent, n'est

pas auffi conforme à la vérité, que ce qu'en
a écrit M. Stuart.

Si cet Auteur avoit été d'auffi bonne foi que
moi, il ne fe feroit pas fi fort étendu fur la
critique qu'il fait de ma defcription de la Lanterne de Démofthène : elle roule principalement fur ce que dans cette defcription, je fuppofe que ce monument fût élevé en l'honneur
de ceux qui avoient vaincu dans des jeux
Athletiques, opinion que Wheler a embraffée ;
au lieu que M. Stuart a fuivi celle de Spon,
qui penfoit que la victoire avoit été rempor-
tée par ceux qui avoient vaincu dans des jeux
de Théâtre. Mais quand dans le même Ouvrage un Auteur qui a embraffé une opinion fe
rétracte, & qu'il en dit les raifons, il femble
que fe critiquant lui-même, on n'a pas droit
de le reprendre fur cet article. M. Stuart a fur
les loix de la critique des idées différentes. Il
s'efforce de combattre l'opinion que j'ai avancée, en donnant la defcription de l'Edifice, &
ne dit pas un mot de la note où je déclare que
je ne m'engage pas à la défendre. Cette note
eft imprimée dans mon Livre, à la fin de la
premiere Partie, au bas de la feuille qui contient l'infcription de la Lanterne de Démofthène & plufieurs autres : la voici.

Nous

» Nous avons fuivi dans l'explication des Infcriptions qu'on lit fur la Lanterne de Démofthêne & fur le Monument élevé en l'honneur
de Thrafyllus, le fentiment de MM. Spon &
Wheler, & traduit le mot HPXE par celui
d'Archonte; ce qui donne pour ces monumens une date fort ancienne, que nous avons
jugé vraifemblable par plufieurs particularités
de ces Monumens, & parce qu'il nous a paru
naturel de penfer que ceux qui les ont fait élever en ont fixé le tems par cette particularité.
Van-Dale cependant eft d'un autre fentiment,
il penfe que le mot HPXE, ne veut pas dire
Archonte ; nous laifferons là-deffus au Lecteur
prendre le parti qu'il lui plaira.

Les Auteurs modernes ne paroiffent pas non
plus d'accord fur les Jeux dont il eft fait mention dans ces Infcriptions ; des deux Voyageurs que nous avons cités, Wheler penfe que
c'étoit des Jeux Athletiques, Spon au contraire, que c'étoit des Jeux de Théâtre ; fi le
mot *Agonothete*, que nous avons conçu, comme plufieurs Auteurs, défigner particulierement l'Officier qui préfidoit aux jeux Athletiques , & fi les bas-reliefs de la Lanterne de
Démofthêne , qui repréfentent pour la plûpart des combats, nous ont fait juger en faveur du premier ; nous avouons cependant que

I

le dernier a fur ce point général Van-Dale en fa faveur. Cette note nous a paru néceffaire, afin de faire concevoir que tout ce que nous avons dit fur la fignification de ces infcriptions, étant établi fur des paffages qui peuvent fouffrir différentes interprétations, nous ne prétendons pas affirmer la vérité de nos conjectures ».

Je ne parlerai pas ici d'un Edifice que M. Stuart donne, & que je n'ai pas donné, dont je n'ai dit qu'un mot en paffant, & qu'on apperçoit à peine dans une de mes vues ; M. Stuart prétend que je l'ai confondu avec un autre, & qu'il ne devoit pas paroître dans cette vue ; c'eft une chofe que je ne pourrois guères éclaircir qu'en revoyant Athênes.

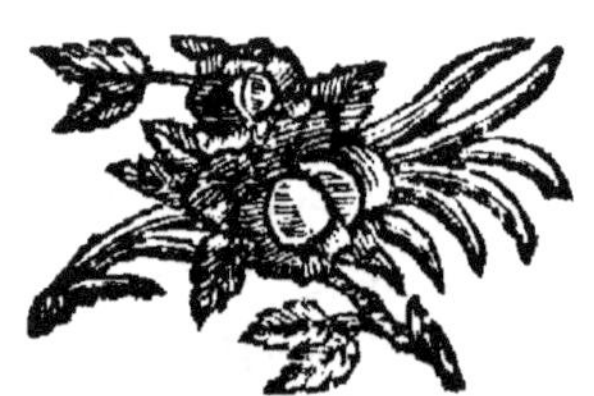

RECHERCHES
SUR
LES MESURES GRECQUES.

Dissertation sur la longueur de la Carriere d'Olympie, sur la maniere dont elle étoit parcourue par les Athlettes ; & sur les rapports qu'avoient entr'eux les stades Olympiques, Italiques, & Pythiques.

On sait qu'Hercule à qui on doit l'origine du stade (*a*), le traça d'abord à Olympie. Il y mesura en marchant une Carriere destinée à l'exercice de la course, & il lui donna six cens pieds, ou un stade. L'Athlete qui parcouroit avec toute la célérité possible ces six cens pieds une seule fois, couroit le stade

_____

(*a*) Pauf. Liv. 5. Chap. 7.

fimple. On couroit auffi le ftade double, appellé Diaulon, en parcourant deux fois toute
l'étendue de la Carriere, & le Dolicos, ou
douze ftades, en le parcourant douze fois de
fuite. Mais comment ces différentes courfes
s'exécutoient-elles ? Le ftade fimple ou la
Carriere de 600 pieds fixée par Hercule à
Olympie étoit-elle en ligne droite ? La par-
courut-il fans changer de direction ? Ou fit-il
feulement 300 pieds en allant d'un lieu marqué vers un but, & 300 pieds en retournant
du but vers le lieu d'où il étoit parti ? Cette
queftion qui nous paroît de la plus grande importance à éclaircir, pour bien connoître & la
mefure du ftade en général, & les circonftan-
ces particulieres de la courfe, n'ayant pas encore été traitée, nous allons l'examiner. Nous
rechercherons donc quelles étoient les conditions de la courfe, la longueur de la Carriere, & comment on la parcouroit.

Des conditions de la courfe.

Les premiers hommes qui fe font exercés à
la courfe, ont pu n'y mettre d'abord que cette
condition, que partant du même lieu & courant enfemble, ils tâcheroient de fe furpaffer
les uns les autres. Mais comme il y a tel
homme qui courant d'abord avec beaucoup

de célérité, & épuifant bientôt fes forces, fe met par-là dans l'impoffibilité de foutenir la courfe long-tems; ils auront ajoûté à la courfe cette autre condition, que deux hommes partant du même lieu, au même inftant, celui qui arriveroit le plutôt à un certain terme, remporteroit le prix de la courfe. Enfin pour compliquer la courfe, pour la rendre plus difficile, pour connoître mieux l'adreffe de ceux qui s'y exerçoient, il ont pu y ajoûter cette troifiéme condition, que deux Athletes partant en même-tems du même lieu, & allant toucher un but, une borne, ou tourner autour d'une borne, celui qui le premier reviendroit au lieu du départ, remporteroit le prix.

Il n'y a aucun Auteur qui ait écrit fur la courfe du ftade fimple, qui n'ait regardé les deux premieres conditions comme lui étant abfolument effentielles, favoir, un lieu de départ, & un terme à la courfe ou à la Carriere; mais ils n'ont pas cru que la troifieme condition d'aller toucher un but, une borne, de tourner autour d'une borne, & de revenir enfuite au lieu d'où ils étoient partis, fût effentielle à la courfe du ftade fimple; & c'eft felon moi en cela qu'ils fe font mépris.

On tournoit autour d'une borne dans les

4

jeux de courfes , décrits par Homere (*b*) ;
qu'Achille fit célébrer aux funérailles de Pa-
trocle, & où le fils de Neftor remporta de prix.
Ce Poëte, comme on le fait , entre dans un
affez grand détail fur les inftructions que Neftor
donne à Antiloque, pour qu'il évite d'échouer
à la borne. Homere fuppofe donc , & nous
apprend que Neftor avoit connoiffance de
cette condition de la courfe qui en augmentoit beaucoup la difficulté : & quand la courfe
n'auroit pas été auffi compliquée du tems de la
guerre de Troyes, qu'Homere nous la repréfente, il n'en feroit pas moins prouvé par le
tems où il vivoit, qu'elle entroit dans les courfes , plus d'un (*c*) fiécle avant le renouvellement des jeux Olympiques.

De ce que nous trouvons la borne dans les
jeux de courfes décrits par Homere, & de ce
qu'elle augmentoit beaucoup la difficulté d'y

(*b*) Illi. Li. 23.

(*c*) Mém. de Litt. 6éme v. p. 161. on conftate que les Ouvrages d'Homere, qu'Hérodote dit plus ancien que lui de
400 ans , font écrits 884 avant la naiffance de Jefus-
Chrift ; & on place affez généralement le rétabliffement
des jeux Olympiques, à l'an 776 avant notre Ere , plus
d'un fiécle après Homere.

vaincre, & la gloire d'y triompher, nous croyons pouvoir conclure, que dans les courſes qui ſe faiſoient à Olympie, la condition de tourner autour de la borne & de revenir vers le lieu du départ entroient, non-ſeulement dans celles qui étoient les plus longues, mais même dans celles qui l'étoient le moins, qui n'avoient qu'un ſtade : ce qu'on n'avoit pas obſervé juſqu'ici.

De la longueur de la Carriere, & de la maniere dont elle étoit parcourue par les Athletes.

M. Burette qui a fait de ſi ſavantes recherches ſur les courſes des Anciens, mais qui ſelon nous a adopté ſur cette matiere des opinions qu'il auroit peut-être pu combattre, dit (*d*) » que le ſtade pris pour le lieu de la courſe, » pour la lice ou la Carriere, étoit ordinaire- » ment formé par une levée ou une eſpece e » terraſſe. Tel étoit, dit-il, le ſtade d'Olympie » au rapport de Pauſanias ». Il ajoute plus bas, » la longueur du ſtade varioit ſelon les lieux; » celui d'Olympie étoit de 600 pieds ». Tout ce qu'il dit enſuite en traitant ſucceſſivement de l'entrée, du milieu, de l'extrémité du ſta-

____

(*d*) Mém. de Lit. vol. pag. 190.

de, fert à confirmer que fon opinion étoit que
ce lieu, qui fervoit à la courfe, avoit 600 pieds
de long. L'extrémité du ftade, dit-il, (c) recevoit différens noms ; les uns défignoient
l'extrémité de la Carriere, le but où fe terminoit la courfe des Stadiodromes, ou des coureurs de ftades à pied ; au lieu que dans la
courfe des chars & dans la courfe à cheval,
on couroit autour de ce but, pour regagner
enfuite l'extrémité de la lice, dont on étoit
parti. D'où il réfulte, felon cet Auteur, que le
but où fe terminoit la courfe des Stadiodromes qui couroient le ftade fimple, la Carriere
de fix cens pieds, étoit différent de celui
où fe terminoient les courfes des chars, ou la
courfe de cheval.

Enfin, il nous femble qu'on ne peut, d'a-
près la defcription que M. Burette donne du
ftade, s'en former d'autre idée que celle-ci ;
fçavoir, qu'ayant parcouru 300 pieds (*ou AB,
Planche* ~~premiere~~ II*Fig. premiere*) d'après le lieu
du départ, on trouvoit le milieu du ftade où
étoient expofés les prix, & qu'après avoir
continué fon chemin en ligne droite encore
300 pieds, on trouvoit l'extrémité de la Car-

(c) Mém. de Lit. vol. 3. pag. 294. & 295

ſiere C , ou le lieu où étoit la borne : ce qui s'applique dans ſa deſcription·, au ſtade d'O-lympie, comme aux autres ſtades. Voici ſelon moi, comment ce dernier ſtade étoit diſpoſé.

La Carriere d'Olympie étoit de 600 pieds , mais au lieu qne M. Burette penſoit qu'elle étoit en ligne droite, nous croyons que ces 600 pieds de la Carriere étoient comme *(Pl. 2 Fig. 2)* l'allée de la barriere à la borne , qui étoit de 300 pieds , & le retour de la borne à la barriere , qui étoit de 300 autres pieds ; de maniere que dans notre hypotheſe , la borne au lieu d'être à l'extrémité de la Car-riere parcourue par les Stadiodromes, comme le prétend M. Burette, ne ſe trouve plus qu'à ſon milieu , & l'extrémité de cette Carriere, au lieu d'être à la borne, comme il le dit encore, ſera préciſément ſur la même ligne que celle du départ.

Quoique la diſtance que nous donnons de la barriere à la borne, dans le ſtade d'Olympie , ne ſoit que la moitié de celle que lui ont donné M. Burette, & tous ceux qui ont écrit ſur les ſtades , nous eſpérons cependant faire voir qu'elle n'étoit pas plus conſidérable : & pour le prouver, nous allons montrer.

1°. Que ſi la courſe du ſtade ſimple s'étoit terminé à la borne , elle auroit manqué d'une condition importante.

2°. Qu'en ne fuppofant la diftance de la barriere à la borne que de 300 pieds , on explique plus naturellement , qu'on ne l'a pû faire dans l'autre fuppofition , les paffages les plus importans des Auteurs anciens fur les ftades.

3°. Qu'on explique encore par cette hypo-thefe, d'une maniere plus vraifemblable qu'on ne l'a fait jufqu'ici , le fameux paffage de Cenforin, fur le rapport des ftades Olympi-que , Pythique , & Italique.

ARTICLE PREMIER.

Si les Stadiodromes , fi ceux qui couroient le ftade fimple , avoient parcouru les 600 pieds qui le compofoient, dans une feule ligne droi-te ; alors les Athletes vainqueurs n'auroient prefque dû leur triomphe qu'à la nature, qui rendoit les uns plus forts ou plus agiles que les autres , puifque l'efpace parcouru n'étant pas très - confidérable, l'art de ménager fes forces dans le commencement de la courfe , ne pouvoit pas beaucoup contribuer à faire obtenir la victoire ; mais en fuppofant qu'il y avoit une borne au milieu de la Carriere , com-

me dans la courſe décrite par Homere, alors
l'art de l'approcher de très-près, de la tourner
avec célérité, pouvoit beaucoup contribuer à
rendre la courſe égale entre les Athletes.
Tel, par exemple, devançoit à la borne tous
ſes rivaux , qui en tournant lentement la borne, ou par une chûte malheureuſe , ſe voyoit
enſuite devancé par eux : ce qui devoit beaucoup augmenter l'intérêt & le plaiſir que les
ſpeⅽtateurs prenoient à cette ſorte de courſe.
Il en réſultoit encore un avantage conſidérable pour les Jugemens de ces courſes, les Juges placés ſur la même ligne, auront pû juger
tout à la fois de l'inſtant du départ, & de celui de l'arrivée des Athletes au terme de la
Carriere ; au lieu que par l'autre ſuppoſition,
il auroit fallu des Juges au lieu du départ, &
d'autres Juges à l'extrémité oppoſée du ſtade.

Article II.

Les différentes parties du ſtade avoient différents noms, que M. Burette a recueillis &
expliqués, & dont par cette raiſon nous nous
diſpenſerons de parler ici ; nous nous contenterons de rapporter ceux qui peuvent nous
donner quelques lumieres ſur la diſtance de la
barriere à la borne, & ſur la longueur & la di-
reⅽtion de la Carriere parcourue par les Ath-

letes dans la courſe. Ces mots ſont ceux qui ſervoient à déſigner l'entrée de la courſe ou de la Carriere, & qui en marquoient auſſi le terme, tels étoient ceux de *Balbis* & de *Grammè.* On ſe ſervoit du premier & du ſecond pour déſigner l'entrée de la courſe, mais on les employoit auſſi pour en marquer le terme; c'eſt dans ce ſens que Pindare (*f*) ſe ſert de celui de *Grammè*, qui ſignifie ligne. Ce Poëte raconte qu'Anthée, Roi d'Iraſe en Lybie, ayant propoſé ſa fille Barcée pour le prix de la courſe à ſes Amants, il la plaça juſtement ſur la ligne qui terminoit la carriere, & déclara que celui qui le premier toucheroit ſon voile, pourroit ſe ſaiſir d'elle & l'emmener. Or, il eſt difficile d'imaginer que Pindare dans cette courſe d'Athletes, en eût exprimé le but par le même mot qui en déſignoit l'entrée, ſi le commencement & la fin de la courſe n'avoient pas été ſur la même ligne. La courſe qu'il célébre commence donc & finit à la même ligne appellée *Grammè*, & les Athletes y firent une révolution entiere du ſtade, & tournerent une fois la borne.

La borne étoit ſi remarquable, elle augmentoit tellement la difficulté de la courſe, qu'elle

---

(*f*) Pindare, neuviéme Ode des Pithy. γραμμὴ.

recevoit une épithete de la plus grande courſe qui ſe faiſoit dans le ſtade, (*g*) Pindare l'appelle *Dodecagnampton*, ce qui déſignoit qu'on la tournoit 12 fois; & dans les courſes de Chevaux, le même Poëte donne aux Chevaux l'épithete de (*h*) *Dodecadromon*, qui marquoit qu'ils couroient douze fois le même eſpace.

Or, de quelle longueur étoit cette eſpece de courſe dans laquelle les Chevaux faiſoient douze tours, & dans laquelle on tournoit douze fois la borne? On ſait que c'étoit le Dolicos; & ſi Suidas lui donne 24 ſtades, Heron (*i*) & la plûpart des Commentateurs des Anciens, ne lui en ont donné que douze; d'où il ſuit que ſi en courant le Dolicos on ne parcouroit que douze ſtades, & qu'on tournât douze fois la borne, il falloit néceſſairement que la borne ne fût qu'à 300 pieds, ou à un demi ſtade de la barriere, ce qui eſt préciſément notre ſuppoſition.

On vient de voir comment dans notre hypotheſe, on explique facilement pourquoi on

---

(*g*) Troiſiéme Olymp. δωδεκαγιάμπloι.
(*h*) Cinquiéme Pithy. δωδεκαδρομοι.
(*i*) Ed. Bernard, de Menſ. & Ponder. antiq. Lib. 3.
V. 32.

donnoit quelquefois au terme de la carriere, le même nom qu'à celui du départ, & pourquoi en parcourant feulement douze ftades dans la Carriere, on faifoit douze fois le tour de la borne ; voyons fi dans la fuppofition de 600 pieds de diftance entre la barriere & la borne, on expliquera les mêmes paffages d'une maniere aufii naturelle.

Premierement , felon cette hypothefe, la courfe du ftade fimple , celle des Stadiodromes, fe feroit terminée à la borne , ils ne l'auroient pas tourné,& elle auroit manqué de cette condition importante. Elle auroit été aufii plus difficile & plus embaraffante à juger, il auroit fallu des Juges au lieu du départ, à l'entrée du ftade , & d'autres Juges à la borne.

Secondement, dans cette courfe on n'auroit jamais pu donner le même nom à la fin de la Carriere, qu'au lieu du départ, puifque ces deux extrémités du ftade étant éloignées de 600 pieds, elles ne pouvoient être confondues, & prifes l'une pour l'autre.

Troifiémement, quand on couroit le *Dolicos* ou douze ftades, on ne pouvoit faire que fix révolutions entieres, & l'épithete de *Dodecagnampton*, donnée par Pindare à la borne, & celle de *Dodecadromon*, donnée par le même

Poëte aux Chevaux, ne leur auroient plus été applicables.

Quelques Auteurs il est vrai, ont tâché de concilier ensemble ces deux idées ; M. de la Barre, qui suppose comme M. Burette, la distance de la borne à la barriere d'un stade, ce qui ne donne pour le Dolicos que six révolutions entieres du stade, dit, Mém. de Litt. (*k*) » Il est visible qu'on faisoit non douze fois, » mais six fois seulement le tour d'une borne, » à laquelle on se plioit, s'il est permis de par- » ler ainsi, douze fois, partie en tournant der- » riere ,& partie en rentrant dans la place ». On voit dans ce passage, par la maniere même dont s'exprime M. Delabarre, qu'il sent com- bien cette explication des épithetes données par Pindare à la borne & aux Chevaux est ha- zardée. M. l'Abbé Gédoin avoit proposé avant lui, une autre maniere de les expliquer, il suppose (*l*) dans la Carriere douze divisions distinctes, douze espaces séparés qu'on par- couroit successivement ; il dit, » Peut-êre aussi » que l'on décrivoit douze cercles concentri- » ques autour de la borne, en approchant de » plus en plus, ensorte qu'au dernier tour on

---

(*k*) Vol. 9. pag. 392.
(*l*) Mém. de Litt. vol. 9. pag. 368. 369.

» la rasoit de si près , qu'il sembloit qu'on y
» touchât ». Ces idées de M. l'Abbé Gédoin ,
sur les courses , sont très-éloignées , comme
on le voit, de celles que s'en sont formées
tous ceux qui en ont écrit ; & comme il me
paroît qu'il ne détruit pas l'explication que
M. Burette a donné avant lui, des épithetes
que Pindare donne à la borne & aux Chevaux
& que j'ai embrassée, j'espere qu'on m'excusera
si dans la vue de rendre cette Dissertation aussi
courte qu'il sera possible , je me dispense de
combattre l'idée de ce Savant.

Article III.

Que l'hypothese proposée , sur la distance de la
barriere à la borne , dans la Carriere d'Olym-
vie , conduit à une explication très-simple &
très-naturelle d'un passage de Censorin sur les
stades Olympique , Italique , & Pythique.

Censorin parlant du stade Italique , de l'O-
lympique , & du Pythique ; dit, » *stadium au-*
» *tem in hâc mundi mensurâ id potissimum in-*
» *telligendum est quod Italicum vocant , pedum*
» *sexentorum vigenti quinque. Nam sunt pratereà*
» *& alia longitudine discrepantia , ut Olympicum*
» *quod est pedum sexentorum , item Pythicum pe-*
» *dum mille.*

Ce passage de Censorin est sans contredit
celui

celui, de tous ceux que nous avons des Anciens
fur les mefures Grecques, qui femble le plus
difficile à expliquer ; & il paroît d'abord fi contraire, à ce que nous en concevons en général, d'après leurs écrits, qu'on ne doit pas s'é-
tonner que quelques Auteurs, ainfi que M.
Danville dans fes éclairciffemens Géographiques, l'ayent regardé comme inexplicable.
En effet, comment concevoir que le ftade Pythique ait eu mille pieds, comme Cenforin le
dit, dans ce paffage ? Il ne pouvoit avoir mille
pieds Pythiques, puifque le ftade Grec n'étoit
divifé qu'en 600 pieds, & fi on fuppofoit que
ces 600 pieds répondoient à mille pieds Olympiques, il s'enfuivroit néceffairement ces conféquences, que fi le pied Olympique étoit felon l'opinion générale des Grecs, la longueur
du pied d'Hercule même, le ftade Pythique
feroit devenu par-là d'une grandeur demefu-
rée ; ou bien que, fi la grandeur de ce ftade
ne furpaffoit pas de beaucoup les plus grands
de ceux que nous connoiffons, le ftade Olympique étant au Pythique comme 3 eft à 5, le
ftade Olympique deviendroit fi court, & le
pied Olympique fi petit, qu'on ne pourroit
jamais le faire cadrer avec la grandeur du pied
d'Hercule.

La petiteffe de ce pied, qui réfulte de l'ex-

L

plication que M. Gibert donne du paſſage de Cenſorin, ſemble être la ſeule choſe que ſon hypotheſe laiſſe à deſirer ; & peut-être étoit-il difficile d'en former une plus ingénieuſe, dans l'opinion générale où l'on a été juſqu'ici, que la diſtance de la barriere à la borne dans le ſtade d'Olympie, étoit de 600 pieds. En effet, il paroît inconteſtable, comme cet Auteur le remarque avec beaucoup de juſteſſe, que Cenſorin ayant voulu dire quelque choſe de vrai & de raiſonnable, on doit croire qu'il a eſtimé les trois ſtades, l'Italique, le Pythique & l'Olympique, ſur une même meſure. A cette obſervation de M. Gibert que j'ai ſuivie dans l'explication que je vais propoſer, j'en ajouterai une autre ; c'eſt que Cenſorin a appliqué une même meſure, un même pied par exemple, à des choſes de même nature qu'il a comparées enſemble.

Ces choſes de même nature que Cenſorin a comparées, peuvent être, ou les meſures ſeules conſidérées d'une maniere abſtraite, & ſans faire attention au lieu appellé *ſtade*, d'où, ſelon quelques Auteurs, elles ont tiré leur origine, ou bien il a pu vouloir exprimer l'étendue ou la longueur de ces courſes, qui avoient ſervi aux Grecs à établir leurs meſures : & puiſque le paſſage de cet Auteur conçu dans le premier ſens de la maniere la plus directe,

17

paroît fi contraire à ce que nous favons de ces
mefures des Grecs , nous croyons qu'il eft poffible de l'entendre d'une autre maniere.

Nous penfons donc que Cenforin a voulu
dire, parlant du ftade Italique, que toute fa
longueur , que toute l'étendue de la courfe
étoit de 625 pieds , ce que nous entendons &
que nous avons expliqué (*Pl. II. Fig.III*) ainfi,
favoir que les coureurs faifoient 312 pieds &
demi de la barriere à la borne , & trois cens
douze pieds & demi , de la borne à la barriere
dans le retour. Qu'il a entendu encore dans le
même fens , que le ftade Olympique (*Fig. IV.*)
avoit dans toute l'étendue de fa Carriere ,
600 pieds : & que la Carriere du ftade Pythique, avoit encore de même, comme (*Fig.VII.*)
1000 pieds, que l'on parcouroit dans une révolution complette.

D'où l'on voit que la révolution complette
dans le ftade Italique , & dans le ftade Olympique, auroit fait précifément la longueur de chacun de ces ftades confidérés comme mefures,&
que la révolution complette du ftade Pythique
auroit été de 1000 pieds Olympiques, égaux à
1200 Pythiques, ou à deux de ces derniers ftades confidérés auffi comme mefures, ce que
Cenforin n'a pas expliqué.

On voit que nous avons établi le pied Olympique pour mesure commune, comme M. Gibert, ce que nous avons cru devoir faire, parce que le stade Olympique conservant seul la division essentielle au stade Grec : la division de 600 pieds, il paroît naturel de penser que c'est le pied élémentaire de ce stade, qui a servi de mesure commune à Censorin, pour estimer la longueur des autres stades.

Par cette explication qui rend la longueur de la course, où l'on disputoit le prix à Delphes de deux stades, tandis que celle d'Olympie n'en avoit qu'un, on rend facilement raison de ces différentes manieres de s'exprimer de Suidas & de Heron, sur le Dolicos ; car le dernier en ne lui donnant que douze stades, aura entendu parler de la Carriere Olympique, ou de celles qui n'avoient qu'un demi stade de la barriere à la borne ; & Suidas en lui en donnant 24, aura entendu parler de la Carriere Pythique, ou de celles qui lui ressembloient.

Enfin, ces idées différentes que Suidas & Héron nous donnent du *Dolicos*, nous forcent absolument aussi, ou à rejetter l'opinion du premier de ces Auteurs sur cette course, ou à rejetter ce que Héron nous en raconte, qu'il n'avoit que douze stades ; ou enfin, à admettre, comme nous le faisons, deux espece de Carrieres ; l'une, toute l'étendue dont conte-

noit deux ſtades , & dont les douze révolutions entieres faiſoient vingt-quatre ſtades ;
l'autre , dont toute l'étendue de la Carriere ne contenoit qu'un ſtade , & les douze
révolutions douze ſtades ; avec cette circonſ-
tance cependant , que la borne à Olympie
ayant reçu l'épithete de *Dodecagnampton*, & les
Chevaux celle de *Dodecadromon* à Delphes , la
courſe la plus ſimple dans l'un & l'autre ſtade,
paroît avoir été d'une révolution entiere , ſavoir d'un ſtade Olympique, à Olympie ; & de
deux ſtades Pythiques , à Delphes.

Si dans notre hypotheſe l'explication des
différentes longueurs que les Auteurs donnent
au Dolicos, paroît naturelle , les meſures du
pied Olympique & du pied Pythique qui en
réſultent, paroiſſent encore très-conformes
aux idées générales que les Auteurs nous en
ont donnés.

Car dans l'explication que nous propoſons,
en faiſant de ces 1000 pieds Olympiques , 1200
pieds Pithiques, le pied Olympique ſe trouve
par-là naturellement plus grand que le pied
Pythique, d'un ſixiéme, & peut être facilement
regardé , comme le plus grand pied de la
Grece.

Nous ne dirons qu'un mot ſur ce qui concerne le ſtade Italique , comme la meſure que

Cenforin lui donne, n'excede que de 25 pieds celle du ftade Olympique. Selon nous les 625 pieds Italiques devroient faire, comme nous l'avons dit, toute l'étendue de la Carriere, des lieux où l'on couroit cet efpece de ftade; & il ne devoit avoir que trois cens douze pieds & demi, de la barriere à la borne.

Il réfulte de nos recherches par rapport aux deux objets principaux, énoncés dans le titre de cette Differtation, que la Carriere d'Olympie, au lieu d'avoir 600 pieds de la barriere à la borne, comme on l'a penfé, n'auroit eu que la moitié du nombre de ces pieds, & que les trois ftades dont Cenforin parle, au lieu d'être felon le fiftéme de M. Gibert dans ce rapport, repréfenté (*Pl. III.*) le Pythique comme 1000, l'Italique, comme 625, l'Olympien, comme 600, feroient au contraire dans celui-ci, favoir, l'Italique, comme 625, l'Olympique, comme 600, le Pythique, comme 500.

Les recherches qui fuivent fur les mefures anciennes font imprimées, dans l'Ouvrage que j'ai publié fur les Ruines de la Grece, j'ai penfé qu'on ne feroit pas fâché de les trouver à la fuite de ce que je viens de donner fur la même matiere.

RECHERCHES

Sur la longueur du pied Grec.

LA connoiſſance des meſures des Anciens a paru ſi importante, par les lumieres qu'elle peut répandre ſur l'Hiſtoire Ancienne, ſur la Géographie & ſur l'Aſtronomie, que depuis le renouvellement des Sciences & des Arts en Europe, elle a fait l'objet des recherches de la plupart des Savans. Cependant pour réuſſir dans ces recherches, il falloit ou trouver quelques termes de comparaiſon actuellement exiſtans, ou découvrir quelques-unes de ces meſures anciennes : c'eſt ce qui arriva dans le ſeiziéme ſiécle par rapport au pied Romain. On trouva dans les ruines de Rome trois pieds parfaitement égaux, & *Lucas Pætus* prouva, d'une maniere inconteſtable, que ces pieds étoient des pieds antiques Romains. On n'a point eu juſqu'ici le même bonheur par rapport au pied Grec. La baſe de la grande pyramide d'Egypte offroit bien ce terme de comparaiſon dont je viens de parler, auſſi pluſieurs Savans ſe tranſporterent-ils en Egypte pour la meſurer ; mais les variations que l'on trouve dans les Auteurs anciens fur l'étendue de cette bafe, empêcherent ces Savans d'en tirer aucune conclufion certaine par rapport à la grandeur du pied Grec : en effet, Hérodote donne à cette bafe 800 pieds, Diodore de Sicile 700, Strabon moins de 600, & Pline 883, d'après ce qu'il avoit oui dire.

Ces variations des Anciens fur l'étendue de cette bafe avoient fait perdre l'efpérance de déterminer avec quelque précifion la grandeur du pied Grec, & d'autant plus que l'on ne croyoit pas qu'il fubfiftât d'autre monument que cette pyramide, auquel les Anciens euffent conftamment donné une même grandeur. On ne penfoit pas que le fameux Temple de Minerve, bâti par l'ordre de Périclès dans la Citadelle d'Athênes, étoit dans le cas, puifqu'il étoit fi généralement reconnu pour avoir cent pieds, qu'il en fût furnommé Hécatompédon. Il faut avouer cependant que les Auteurs anciens ne nous difent pas comment, ou dans quel fens il avoit ces cens pieds. Mais j'efpere faire voir dans cette Differtation qu'on ne peut abfolument appliquer cette grandeur qu'à la largeur de ce Temple, & que ceci une fois prouvé, il en réfulte un moyen de déterminer la grandeur du pied Grec, plus fûr que ceux qu'on a tentés jufqu'ici.

Cette

Cette nouvelle maniere de déterminer la grandeur du pied Grec paroîtra très-avantageuse, si on considere que les façades de ce Temple subsistent presqu'entieres , & qu'il a été construit avec tout le soin possible dans le tems où les Sciences & les Arts étoient dans leur plus grande splendeur à Athênes, & par le peuple de la Grece , qui a surpassé par son savoir tous les autres peuples de cette nation. Ainsi , s'il est permis de regarder le pied d'un peuple particulier de la Grece comme le véritable pied Grec , c'est sans doute celui des Athéniens, & je ne ferai aucune difficulté de le nommer toujours le pied Grec dans la suite de cette Differtation. Je la diviserai en deux articles.

Dans le premier je montrerai , comme je viens de l'annoncer , que cette étendue de cent pieds que les Grecs donnoient au Temple de Minerve , ne peut s'entendre que de sa largeur extérieure que j'ai trouvée , par des mesures exactes que j'en ai prises sur les lieux dans mon voyage d'Athênes, être de 94 pieds 10 pouces de Paris (a).

(a) J'ai trouvé 95 pieds 4 pouces à la frise du Temple de Minerve ; mais ayant vérifié le pied avec lequel j'avois pris cette mesure sur un autre très-juste que m'a comma-

Je ferai voir dans le fecond', que cette grandeur s'accorde avec celle que l'on trouve par deux mefures moyennes de la bafe de la grande Pyramide d'Egypte , réfultantes, l'une de celle des Anciens qui l'ont mefurée , l'autre de celle que nous en ont donné les plus favants Voyageurs modernes : je prouverai encore que le pied Grec que je propofe s'accorde, non-feulement avec ce que plufieurs paffages des Anciens établiffent en général , que le pied Grec étoit au pied Romain , comme 25 à 24 , mais même avec un paffage de Plutarque , qui donne le pied Grec un peu plus grand que cette proportion.

ARTICLE PREMIER.

Afin de mieux reconnoître dans quel fens nous devons prendre le furnom d'Hécatompédon , donné au Temple de Minerve, examinons fes différentes dimenfions. Un coup d'œil fur leurs mefures marquées fur le plan & l'élévation , (*Pl. VII.*) feconde Partie, fuffit

---

niqué M. Canivet, célébre Faifeur d'inftruments de mathématiques , qui avoit été prife fur l'étalon du Châtelet de Paris ; j'ai trouvé mon pied de 7 points & quelque chofe trop court, qui multipliés par 95 font environ 700 points, & comme l'on voit à très-peu près 6 pouces, que j'ai retranchés de ma mefure.

pour nous faire voir qu'elles font toutes de différentes grandeurs ; il ne pouvoit donc avoir cent pieds juftes que dans une feule : c'eft ainfi qu'il faut entendre le paffage de Plutarque (*a*) dans la vie de Périclès , où il dit, que ce Temple fut furnommé Hécatompédon, parce qu'il avoit cent pieds ; & on doit regarder , comme une interprétation fauffe de ce furnom, le paffage de l'*Etimologicon magnum* (*b*), qui dit, que ce Temple fut appel-

---

(*a*) Voici ce paffage , Πάντα δὲ διεῖπε κ πάντων ἐπίσκοπος τῶν αὐτῷ Φειδίας και τοὶ μεγάλους ἀρχιτέκτονας ἐχόντων και τεχνίτας τ ἔργων. τὸν μὲν γὰρ ἐκατόμπεδον παρθενῶνα Καλλικράτης εἰργάζετο και Ἴκτινος , ce qui veut dire : Celui qui conduifoit tous ces ouvrages & qui en étoit le chef, étoit Phidias , quoiqu'il y eût d'autres Maîtres qui commandoient les différents ouvrages. Kallikrates & Ictinos travaillerent à l'Hécatompedon Parthénon. Le mot Parthénon fignifie, demeure des Vierges ; c'eft le nom du Temple même , & le mot d'Hécatompédon fignifie ce qui eft de cent pieds. Dans ce paffage, Plutarque ne dit pas que le Temple de Minerve fut furnommé Hécatompédon, parce qu'il avoit cent pieds *en tout fens* , ces derniers mots ne font point dans le texte, & c'eft fans aucun fondement que M. Dacier les ajoute dans fa Traduction des Hommes Illuftres de cet Auteur : l'Abbé Gédoin a fuivi cette faute de M. Dacier dans la traduction Françoife qu'il a faite de Paufanias, intitulée , Voyage de Grece.

(*b*) Ce paffage eft de l'Auteur des Etimologies, *Joan.*

lé Hécatompédon, parce qu'il avoit cent pieds de tous côtés, & celui d'Harpocration (*a*), qui fait entendre que l'on lui donna ce nom moins pour fa grandeur que pour fa beauté.

Spon, célebre voyageur moderne, eft le premier qui ait eu l'idée de déterminer la grandeur du pied Grec, par une des dimenfions du Temple de Minerve. Il penfoit que les Grecs avoient donné cent pieds à la longueur de l'intérieur de ce Temple, qui eft, felon lui, de 90 pieds de France. Cependant, comme on fait que 90 de nos pieds ne font pas cent pieds Romains, & que celui-ci eft plus petit que le pied Grec, il reconnut bientôt que cette dimenfion étoit trop petite, ce qui l'obligea d'y ajouter encore l'épaiffeur des murs, afin de trouver à peu près ces cent pieds Grecs ; mais par-là fon explication de-

---

Meurf. Atten. Atti. Cecropia, cap. *XIV.* Ἑκατόμπεδον, νεώς ἐςι τῆς Ἀθηνᾶς ποδῶν ἑκατὸν ἐκ πάσης πλευρᾶς. διὰ τῦτα γὰρ καὶ ἀνόμαςαι : *Hecatompedum Minervæ Templum eft ex unoquoque latere centum pedes habens : qua de re & nomen datum.*

(*a*) Le paffage d'Harpocration, *Joan. Meurf. Atten. Atti. Cecropia cap. XIV.* Ὁ παρθενὼν ὑπό τινον Ἑχατόμπεδον ἐκαλεῖτο, διὰ κάλλος, καὶ εὐρυθμίαν. ἢ διὰ μέγετος. *Parthenon à quibufdam Hecatompedum vocabatur propter formam & concinnitatem ejus, non ob magnitudinem.*

vieît forcée, & ce Temple auroit eu une dimenſion de cent pieds, plus ſenſible à l'Architeĉte qui l'avoit conſtruit, qu'aux ſpeĉtateurs qui le conſidéroient. Quoique j'aye trouvé cette dimenſion dont M. Spon parle, un peu plus grande qu'il ne le dit, elle eſt cependant encore trop petite pour convenir à 100 pieds Grecs.

Le nom d'Hécatompédon ne pouvant s'appliquer à aucune des dimenſions de l'intérieur du Temple, on doit donc l'entendre d'une de celles de l'extérieur ; en effet, elles étoient les plus frappantes, c'étoit par ces dernieres que les Anciens commençoient la deſcription de leurs Temples. Pauſanias, dans ſes Eliaques, parlant de celui de Jupiter à Olympie, nous apprend d'abord qu'il avoit 68 pieds de haut, 95 de large à ſa façade, & 230 pieds de long. Pline commence de même par nous dire que le Temple de Diane à Epheſe avoit 440 pieds de long, ſur 220 de large. Il nous fait concevoir quelle étoit la hauteur du Temple par celle des colonnes. Ainſi, puiſque c'étoit d'une des dimenſions de l'extérieur dont les Anciens entendoient parler, quand ils diſoient que le Temple de Minerve avoit cent pieds, voyons quelle étoit cette dimenſion. Cette meſure ne pouvoit convenir, ni à la longueur du Temple qui eſt de 214 pieds 6 pouces 10 lignes de Paris, ni à ſa hauteur, qui n'eſt que de 65 ; il en réſulte donc qu'elle ne peut s'appliquer qu'à ſa largeur. Les Grecs durent effectivement choiſir cette dimenſion du Temple, comme la plus remarquable. On ſait que la façade de ces édifices étoit leur plus belle partie, celle que l'on voyoit la premiere en arrivant, & que les Anciens repréſentoient dans leurs médailles : ils nommoient leurs Temples octoſtyles, hexaſtyles, tétraſtyles, du nombre de colonnes contenues dans la façade ; ils les appelloient pycnoſtyles, ſiſtyles, diaſtyles, de l'eſpace qui étoit entre ces colonnes. Pourquoi n'auroient-ils pas nommé le Temple de Minerve Hécatompédon, de la largeur de ſa façade? Les Anciens regardoient cette dimenſion comme ſi importante, que lorſqu'ils vouloient bâtir un Temple, c'étoit la premiere qu'ils déterminoient, & celle ſur laquelle ils régloient toutes les autres (*a*). S'ils vouloient conſtruire un Tem-

---

(*a*) Vitruve, Livre I V. Chapitre I I I. traduction de Perault, dit : Dans un Temple d'ordre Dorique la face en laquelle les colonnes ſont placées, doit être diviſée en vingt-ſept parties ſi on veut qu'elle ſoit Tétraſtyle, & en 42, ſi on veut qu'elle ſoit Hexaſtyle : l'une de ces parties-

ple Ionique ou Corinthien, dit Vitruve, ils commençoient par determiner le nombre de diametres de colonnes que devoit contenir toute la largeur de la façade (a). S'ils vouloient en faire un d'ordre Dorique, ils régloient d'abord combien de largeurs de triglyphes devoient être comprifes dans l'étendue de la frife de la façade. Cette regle leur fervoit à proportionner entr'elles toutes les parties d'un Temple ; mais elle ne leur fuffifoit pas pour en déterminer la grandeur. Pour y parvenir, il falloit encore dans un Temple d'ordre Dorique, par exemple, tel qu'eft celui dont nous parlons, que les Architectes fixaffent le rap-

---

fera le module, qui eft appellé par les Grecs *Embates*, & ce module étant établi, il doit régler toutes les mefures de la diftribution de l'édifice. Ce module dans un Temple Dorique n'eft autre chofe que la largeur d'un triglyphe comme Vitruve le dit ailleurs.

(a) Vitruve, Livre III. Chapitre II. dit encore : Pour bien ordonner l'Euftyle, il faut divifer la face, fans compter la faillie de l'empatement des bafes des colonnes en onze parties & demie, fi on veut faire un Tétraftyle ; ou en dix-huit, s'il doit y avoir fix colonnes ; ou en vingt-quatre & demi fi ce doit être un Octoftyle. Or foit que l'on faffe un Tétraftyle, un Hexaftyle ou un Octoftyle, une de ces parties fera le module, qui n'eft autre que la groffeur d'une colonne.

port que la largeur d'un triglyphe, ou le nombre de largeurs de triglyphes prifes enfemble, qui devoient être contenus dans toute l'étendue de la façade, auroit avec une de leurs mefures. C'eft, felon moi, ce que firent Iftinus & Kallikrates, les Architectes de ce Temple, qui réglerent ce nombre de largeurs de triglyphes, ou toute l'étendue de la frife à 100 pieds Grecs, d'où il fut furnommé Hécatompédon.

A ces raifons qui prouvent, d'après la maniere dont les Anciens conftruifoient leurs Temples, que c'eft de la largeur de l'Hécatompédon, & particuliérement de l'étendue de la frife qu'il prit ce nom, j'ajouterai que la frife & l'architrave font les parties les plus remarquables de l'entablement, furpaffant de beaucoup par leur hauteur toutes les autres, celles où fe portent naturellement la vue, & enfin celles que les Anciens enrichiffoient de bas reliefs, & fur lefquelles ils faifoient graver les infcriptions. Au refte, fi l'on fuppofoit que ce fût la premiere marche de la façade qui a 112 pieds, à laquelle les Grecs euffent donné 100 pieds, le pied grec qui en réfulteroit, furpafferoit celui de Paris d'un neuviéme, ce qui fuffit pour faire rejetter cette fuppofition. Quant à la largeur de la façade que l'on pourroit prendre au pied des colonnes, elle ne peut s'adapter que dans un point, puifqu'elles diminuent depuis le pied jufqu'au haut : de plus, cette étendue qui eft de 95 pieds un pouce 10 lignes, ne differe de celle de la frife que de $\frac{1}{227}$ partie. Ce qui ne donneroit pas une très-grande différence dans la grandeur du pied grec, prife par l'une ou l'autre de ces mefures.

Ayant fait voir par ce qui vient d'être expofé, que la largeur du Temple de Minerve prife fur l'étendue de la frife de la façade, eft la feule dimenfion qui ait pu faire donner à ce Temple le furnom d'Hécatompédon, & qu'ainfi elle avoit cent pieds grecs : il s'enfuit qu'on aura la longueur de ce pied de 11 pouces 4 lignes 5 points & $\frac{3}{5}$, de point de notre pied en divifant par 100, 94 pieds 10 pouces de Paris étendue de cette frife trouvée par nos mefures ; & ce qui confirme ce que nous venons d'établir fur la longueur de ce pied, c'eft qu'elle eft la même à très-peu de chofe près, que celle que l'on trouve par deux autres voies, qui, quoique moins certaines, forment cependant par leur concours, comme on le verra dans les articles fuivans, les plus grandes préfomptions en faveur de notre mefure.

N

ARTICLE II.

Pour remplir l'objet que je me propose dans cet article, commençons par déterminer quelle est la véritable grandeur de la base de la grande pyramide d'Egypte, d'après celles que nous en ont donné les deux plus savans d'entre les modernes qui l'ont mesurée.

Le Pere Fulgence, de Tours, Capucin, Mathématicien, est celui qui donne le plus d'étendue à cette base, car il la fait de 682 pieds : cependant elle paroît confirmée par une mesure que M. de Nointel, Ambassadeur de France à la Porte, fit prendre, & envoya à l'Académie des Sciences, & elle a été adoptée par M. de Cassini, dans son Livre de la grandeur & de la figure de la terre.

M. Graves, dans sa Pyramidographie, donne à la base de cette grande pyramide 693 pieds Anglois, égaux à peu-près à 650 de nos pieds : M. Graves se transporta exprès en Egypte pour mesurer cette base avec toute l'exactitude dont il étoit capable; & ce qui doit donner beaucoup de poids à sa mesure, c'est que M. Norden, Danois, dans son voyage d'Egypte qui parut il y a quelque tems, & qui contient beaucoup de remarques critiques sur la Pyramidographie de

M. Graves, dit qu'il n'a point touché à fes mefures, parce qu'il les a trouvées juftes.

Je n'entrerai pas ici dans la difcuffion de ces deux mefures : la premiere a été préférée par l'illuftre M. de Caffini, mais la feconde a été prife par un Géometre très-habile, & qui paroît avoir pris tant de foin pour ne fe pas tromper, qu'il eft difficile de n'y pas ajouter beaucoup de confiance. Cependant, fuppofant qu'il regne une égale incertitude entre ces deux mefures, je prendrai un terme moyen entr'elles, ce qui donnera pour la bafe 666 pieds de Paris, mefure qui, felon toutes les apparences, ne doit pas s'écarter fenfiblement de fa véritable grandeur.

Or, fi l'on compare cette mefure avec celle d'Hérodote de 800 pieds, de Pline de 883, & de Strabon de 600, il en réfultera, que le pied grec, felon les deux premiers, auroit été plus petit que le pied romain, & felon le dernier, plus grand que celui de Paris, ce qui eft incompatible, (comme on l'a déjà dit) avec ce que nous favons en général de la grandeur du pied grec. On voit par-là, ou que ces Auteurs fe font fort trompés s'ils ont prétendu nous donner la grandeur de cette bafe en pieds grecs, ou, ce qui eft beaucoup plus vraifemblable, qu'ils fe font fervis de mefures différentes. Il y a lieu de croire même, que Strabon, qui ne donne pas un stade à cette base, l'estima en stades Egygtiens qui étoient, comme je le montrerai, de 684 $\frac{4}{7}$ pieds de Paris : grandeur qui approche beaucoup de celle de notre mesure moyenne que nous avons trouvée de 666 pieds ; cette mesure de Strabon (*a*), ainsi que les précédentes , ne peut donc avoir été prises en pieds grecs : examinons à présent la mesure de Diodore de Sicile.

Cet Auteur donne 700 pieds à la base de la grande pyramide, ce nombre comparé avec notre mesure commune donne le pied grec de cet Auteur de 11 pouces 5 lignes, d'où il est clair, premierement, que la grandeur de ce pied convient à l'idée que nous en avons en général ; cette grandeur étant entre celle du pied Romain, & celle du pied de Paris ; secondement, le pied qui en résulte est aussi au pied Romain comme 25 à 24, & il est même

---

(*a*) εἰσὶ γὰρ σταδιαῖαι τὸ ὕψος, τετράγωνοι τῷ σχήματι, τῆς πλευρᾶς ἑκάστης μικρῷ μεῖζον τὸ ὕψος ἔχουσαι. Strabon, Livre 17, parlant des deux plus grandes pyramides.

Ce passage de Strabon en François : chacune d'elle a une stade de hauteur, elles sont de figure quarrée , & les côtés sont moins grands que la hauteur.

un peu plus grand que cette proportion ; ce qui paroît encore établi par deux paſſages, l'un de Suidas, l'autre de Polybe, que nous rapporterons dans l'article ſuivant, & par un paſſage de Plutarque ; enfin, en regardant les grandeurs de cette baſe données par Hérodote & Strabon, comme priſes avec les mêmes meſures, celle de Diodore de Sicile ſe trouve encore moyenne entr'elles. D'ailleurs on ſait avec quelle exactitude cet Hiſtorien nous a donné la deſcription des différens monumens de l'Egypte ; il y a donc tout lieu de croire qu'il eſt de tous les Anciens le ſeul qui nous ait donné avec exactitude la meſure de la baſe en pieds grecs ; mais ſon pied eſt dans le même rapport au pied de Paris à $\frac{1}{300}$, partie près, que celui que j'ai tiré de la comparaiſon directe de 94 pieds 10 pouces, étendue de la friſe du Temple de Minerve en pied de Paris, à celle de 100 pieds que les Grecs lui donnoient : donc il confirme mon opinion ſur le rapport du pied grec au pied de Paris.

La grandeur du pied grec nous eſt encore à peu-près indiquée par deux paſſages des Anciens que je vais citer, qui, s'ils avoient été appuyés d'autres preuves, auroient peut-être réuni les ſentimens de tous les Savans ſur la grandeur du pied Grec.

Suidas *(a)* dit que le mille eſt une meſure terreſtre, que 10 milles contiennent 80 ſtades, & que l'on peut dire d'une autre maniere que le ſtade à 600 pieds, & que le mille en a 4800. Ce paſſage de Suidas eſt d'une très-grande importance, puiſqu'il nous apprend, non-ſeulement que le mille contenoit 8 ſtades, mais encore qu'il nous fait connoître que ces ſtades étoient des ſtades grecs, car le ſtade grec, ſelon Hérodote, étoit de 600 pieds, & celui des Romains, comme l'on ſait, étoit de 625 pieds de ces derniers.

Polybe dans le troiſiéme Livre de ſon Hiſtoire *(b)*, dit que les Romains diviſoient leurs chemin de huit en huit ſtades, ou en milles.

(a) Suidas, au mot mille, Μίλιον. μέτρον γῆς. τὰ δέκα μίλια ἔχȣσι ςάδια π' ἄλλως. τὸ ςάδιον ἔχει πόδας χ'. τὸ δὲ μίλιον, πόδας δσ'. Le mille eſt une meſure terreſtre, dix milles contiennent quatre - vingt ſtades, & on peut dire d'une autre maniere, que le ſtade a 600 pieds, & que le mille en a 4200; il y a une contradiction manifeſte dans ce paſſage, M. Bayardi le corrige de la maniere ſuivante, & j'ai ſuivi ſa correction, Μίλιον. μέτρον γῆς · τὰ δέκα μίλια ἔχȣσι ςάδια π' ἄλλως. τὸ ςάδιον ἔχει πόδας χ'. τὸ δὲ μίλιον, πόδας δω̃. Le mille eſt une meſure terreſtre, dix milles contiennent quatre - vingt ſtades, & on peut dire d'une autre maniere que le ſtade a 600 pieds, & que le mille en a 4800. Voyez pour cette correction Bayardi, Antiquités d'Herculaneum.

(b) Polybe dans le troiſième Livre de ſon Hiſtoire,

Selon ces deux paſſages , le ſtade Romain ſeroit donc le même que le ſtade grec (comme pluſieurs Auteurs l'ont avancé) puiſque
chacun d'eux eſt contenu 8 fois dans le mille:
600 pieds grecs ſeroient donc égaux à 625
pieds Romains , & le pied grec ſurpaſſeroit le
pied Romain d'une vingt-quatriéme partie de
ce dernier ; or le pied Romain eſt de 1306 (a)
points du pied de Paris : ſi on lui ajoute donc
une vingt-quatriéme de ſes parties , on aura
pour le pied grec , ſelon ces deux paſſages ,
1360 $\frac{3}{5}$, à une fraction infiniment petite près ;
mais celui que j'ai trouvé par la friſe du Temple de Minerve eſt de 1365 $\frac{2}{5}$ points de notre

---

ταῦτα γὰρ νῦν βεβημάτισαι καὶ σεσημείωσαι κατὰ σταδίους ὀκτὼ
διὰ Ῥωμαίων ἐπιμελῶς. Les Romains diviſoient leurs chemins de huit en huit ſtades ou en milles.

(a) 1306 , Quand je lus ma Diſſertation à l'Académie
des Sciences , j'avois adopté l'eſtime du pied Romain, que
M. l'Abbé Revilas en a donné dans le troiſième Tome de
l'Académie de Cortone , de 1309 $\frac{5}{12}$ de points de notre
pied ; mais ce pied Romain ayant été meſuré depuis peu
à Rome par le Pere Jacquier , ſavant Mathématicien , &
par M. l'Abbé Barthelemy , de l'Académie Royale des
Inſcriptions , M. Barthelemy a prouvé , par des raiſons
convaincantes , dans une Diſſertation qu'il a lu à ſon Académie , que le pied Romain n'avoit que 1306 parties ,
comme beaucoup d'Auteurs l'avoient eſtimé auparavant,
& je me ſuis conformé à ce dernier ſentiment.

pied ; donc il n'excede le précédent que d'environ une 273 partie ; quantité dont huit ſtades grecs formés par mon pied, ſurpaſſent le mille Romain, ou huit ſtades Romains : cette différence eſt ſi petite qu'elle a pu être ignorée ou omiſe par Suidas & par d'autres Auteurs, cependant elle n'a pas échappé à Plutarque (*a*), qui dit, dans la vie de Caïus Gracchus, qu'il fit diviſer les chemins de l'Italie en mille, (*chaque mille contenant un peu moins de huit ſtades*) ; or il ne peut parler dans ce paſſage que des ſtades grecs, & non des ſtades Romains, puiſque par celui de Polybe que nous venons de rapporter, le ſtade chez les Romains, diviſoit le mille exactement en huit parties. Il s'enfuit donc de-là que les paſſages des Auteurs Anciens rapportés dans cet article, confirment l'opinion où l'on étoit, que le pied grec ſurpaſſoit le pied Romain d'un

---

(*a*) Plutarque, vie de Caïus Gracchus, τὸ δὲ μίλιον ὀκτὼ ϛαδίον ὀλίγον ἀποδεῖ, un mille (dit Plutarque) contient un peu moins de 8 ſtades. M. Dacier dans ſa traduction des Hommes Illuſtres de Plutarque, a interpreté ce paſſage par ces mots : *Chaque mille contenant environ huit ſtades ;* mais ſa traduction n'eſt pas fidelle, & elle ne rend pas le ſens du texte, parce que l'on ne ſait ſi huit ſtades ſurpaſſoient le mille, ce que le paſſage dit préciſément, ou ſi le mille étoit plus grand que huit ſtades.

vingt-

vingt-quatriéme , & que celui de Plutarque prouve même qu’il le furpaſſoit d’un peu plus , conformément à ce que j’ai découvert.

On pourroit m’objeéter qu’en déterminant le mille Romain comme M. de Caſſini , dans ſon Livre ſur la figure de la terre , par les diſtances de Nîmes à Narbonne & de Boulogne à Modene , dónnées en mille par les Anciens , & meſurées la premiere par lui , la ſeconde par les Peres Riccioli & Grimaldi , on auroit ce mille Romain de 767 toiſes , & le pied Romain qui en réſulteroit plus grand de plus d’$\frac{1}{273}$, que celui de Lucas Pœtus , ce qui contrediroit mon opinion , que le pied grec ſurpaſſe le pied Romain d’une vingt-quatriéme partie & d’$\frac{1}{273}$, comme je l’ai avancé ; mais je répondrai à cela que l’on ne peut ſe flatter d’avoir une meſure exaéte du mille par cette voie , puiſque les diſtances des Villes ayant été meſurées avec le mille , qui étoit une meſure fixe , il s’en eſt trouvé peu qui en continſſent un nombre juſte entr’elles. Les Itinéraires le marquent même. On lit à la tête de chaque Chapitre où il eſt queſtion de ces meſures , P. M. lettres initiales de *Plus* , *Minus* , & qui vouloient dire , plus ou moins ; ce qui prouve que les Anciens ne prétendoient pas donner dans la plus grande exaétitude la diſtance des Villes.

O

D'ailleurs , rien n'eſt plus incertain que les Modernes aient pris la diſtance de ces Villes qu'ils ont meſuré des mêmes termes que les Anciens. Mais quand toutes ces raiſons ne contrediroient pas la meſure du mille ancien que M. de Caſſini a prétendu nous donner par cette voie, on a trouvé des preuves convainquantes, que ce mille étoit plus petit de dix toiſes que ne l'a fait M. de Caſſini. M. le Marquis de Mafei trouva deux colonnes milliaires dans le Languedoc en place, & diſtante l'une de l'autre de 756 toiſes. M. Aſtruc , célebre Médecin , en meſura deux autres entre Nîmes & Baucaire , & les trouva éloignées de 754 toiſes. En prenant le terme moyen entre ces deux meſures , comme le fait M. Danville, (a) on a 755 toiſes pour le mille Romain : nombre qui eſt encore celui que l'on trouve en ſuppoſant le pied Romain de Lucas Pœtus de 1306 parties , eſtime la plus généralement reçue.

Je conclurai cet article , par rapporter une preuve en faveur de mon opinion , qui, quoique d'un moindre poids que les précédentes , me paroît cependant mériter de n'être pas omiſes : c'eſt que le ſtade où couroient les Athletes , dont on voit encore les ruines à Athé-

____

(a) Dans ſes Eclarciſſements Géographiques.

nes, a, depuis la face jufqu'aux gradins du fond, 591 pieds de Paris, qui ne furpaffent le ftade que j'ai trouvé par la frife du Temple de Minerve de 569, que de 22 pieds, diftance qui étoit vraifemblablement entre la borne & le fond ; car le ftade grec de 600 pieds, fe comptoit dans le lieu de la courfe, depuis la barriere d'où partoient les Athletes, jufqu'à la borne où ils retournoient quand ils couroient le ftade double.

Recherches fur la grandeur que les Anciens don-noient à la circonférence de la Terre.

Ces réflexions fur le pied & fur le ftade grec, m'ont conduit à rechercher quelle étoit la grandeur que les Anciens donnoient à la cir-conférence de la terre. M. de Caffini préfere, comme la plus exacte de toutes leurs mefures, celle qui donne 180090 ftades à cette circon-férence; elle réfulte de l'obfervation de Pof-fidonius qui trouva fept degrés & demi entre les Villes d'Aléxandrie & de Rhodes, & de celle d'Eratofthenes, qui, au rapport de Strabon, ayant mefuré avec des inftrumens la diftance de ces deux Villes, la trouva de 3750 ftades. Plufieurs Anciens adopterent cette grandeur de la terre de 180000 ftades ; elle fut reçue par Marin de Tyr, & Ptolomée s'en étant fervi , on la lui attribua. Mais quelle étoit par rapport à nos mefures la grandeur de ces ftades ? C'eft ce qu'on n'a point encore décidé, & ce que je me propofe de découvrir.

Suppofer qu'Eratofthenes fe fervit du ftade grec , c'eft fuppofer qu'il fe trompa groffié-rement dans fa mefure ; car fi on multiplie 180000 par 94 toifes 5 pieds , grandeur de ce ftade , on aura toute la circonférence de la terre de 17036666 toifes , & par conféquent trop petite d'un fixieme , puifque , felon les Modernes , dont les obfervations font infiniment préférables pour l'exactitude à celles des Anciens, elle eft de 20541600 ; or , quelque peu exact qu'ait été Eratofthenes , il n'eft pas vraifemblable qu'il ait commis une pareille erreur. Voyons donc fi la différence qui eft entre la premiere & la feconde de ces mefures, ne viendroit pas plutôt de ce qu'Eratofthenes fe fervit, non du ftade grec , mais du ftade Egyptien , ou Philétérien , les plus grands de tous ceux que les Anciens employerent , & ceux vraifemblablement dont Héfychius , qui étoit d'Alexandrie, ne compte que fept dans le mille. Il eft à préfumer que c'eft des mêmes ftades dont Hérodote parle auffi dans fa Mel-pomene , quand il dit, que les ftades Egyptiens auffi-bien que ceux d'Afie , étoient de

600 pieds : ce qui, selon moi, doit s'entendre particuliérement de la division de ces stades en pieds différents de ceux des Grecs, puisqu'Hérodote dans l'Euterpe, dit que l'arure des Samiens étoit de 100 coudées, mais il ajoute de 100 coudées Egyptiennes, ou Samiennes ; ce qui marque qu'il distingue ces deux coudées de celles des Grecs, & par conséquent le pied Egyptien & Samien des pieds grecs, puisque le pied, chez les Anciens, a toujours été les deux tiers de la coudée.

Heron, dans son Livre des mesures en lignes droites dit : que le pied Philétérien avoit 4 palmes ou 16 doigts, & que le pied Italien n'en avoit que 13 $\frac{1}{2}$. Or il paroît hors de doute, comme le dit le Pere Montfaucon, que le pied Italien dont parle Héron, étoit le même que le pied antique Romain trouvé par Lucas Pœtus. On voit par-là que le pied Philétérien étoit au pied Romain, comme 6 à 5. Ce dernier pied a été trouvé de 1306 points du pied de Paris ; si l'on ajoute donc au pied Romain $\frac{1}{5}$ de sa grandeur, on aura, selon ce que nous venons de dire, le pied Philétérien de 1567 points du pied de Paris, & quelques fractions que je néglige, & le stade Philétérien de 652 pieds 11 pouces de Paris.

La mesure la plus authentique qui nous reste

des Egyptiens eſt celle de leur coudée ; il y
avoit en Egypte un grand nombre de Nilometres ſur leſquels les coudées étoient marquées : un ſeul que l'on voit encore au Caire,
eſt échappé à la deſtruction générale ; mais
preſque tous les Savants ſont d'accord que les
grandes diviſions qui ſont ſur ce nilometre re-
conſtruit ſous l'Empire d'Heraclius , ſont celles des coudées des Egyptiens , copiées juſtes
ſur les nilometres qui ſubſiſtoient encore du
tems de cet Empereur. Le nom même que les
Arabes donnent aux diviſions de ce nilometre ,
marquent que les plus grandes étoient des
coudées , & les plus petites des doigts : ils
nomment les premieres *draas* , qui veut dire
coudée en Arabe , & les ſecondes *afbaa* , qui
veut dire doigt dans la même langue. De
plus , les *afbaa* des Arabes ſont contenus 24
fois dans le *draas* , comme le doigt l'étoit
dans la coudée. Or on ſait que le pied étoit
chez les Anciens de ſeize doigts ou des deux
tiers de la coudée ; ſeize doigts du nilometre
que l'on voit au Caire , ſont donc égaux à un
pied Egyptien ; mais une coudée , ou un draas
du nilometre du Caire , ſelon la meſure la plus
exacte priſe par les voyageurs Anglois , & rap-
portée par Jean Clerice , a 21 pouces 888 parties de leur pied , ou 20 pouces $\frac{544}{1000}$ du pied

de Paris qui répondent à 2464 $\frac{280}{1000}$ de points du même pied (*a*), on aura donc pour 16 doigts de la coudée Egyptienne, ou le pied Egyptien de 1643 $\frac{320}{1000}$ des mêmes points, & pour le ſtade Egyptien, 684 pieds $\frac{4}{5}$. Mais je viens de trouver 1567 points du pied de Paris pour le pied Philétérien, & pour le ſtade Philétérien, 652 pieds 11 pouces; ainſi voilà donc chez les Anciens deux ſtades beaucoup plus grands que le ſtade grec. Si l'on fait attention à préſent qu'Eratoſthenes prit pour un des termes de ſa meſure Alexandrie qui eſt en Egypte, & Rhodes qui eſt en Aſie, & aſſez près de Samos, où Hérodote nous apprend que les meſures Egyptiennes étoient en uſage; il paroîtra fort vraiſemblable qu'Eratoſthenes ſe ſervit, dans ſa meſure d'Alexandrie à Rhodes, du ſtade Egyptien. Mais ce qui donne beau;

(*a*) J'ai ſuppoſé dans mon calcul le pied Anglois de 1351 $\frac{66}{114}$, points du pied de Paris qui réſulte de la proportion du pied de Paris au pied Anglois donné à celui de mes freres qui eſt de l'Académie Royale des Sciences, par M. Grames. Ce célébre Horloger ayant comparé ces deux pieds avec la plus grande attention, trouva que 36 pouces du pied de Paris, étoient égaux à 38 pouces du pied Anglois, plus $\frac{355}{1000}$ ou que le pied de Paris étoit à très-peu près au pied Anglois, comme 107 à 114.

coup de poids à cette fuppofition , c'eft qu'en multipliant les 180000 ftades qu'il donnoit à la circonférence de la terre ; par 684 pieds $\frac{4}{7}$ ou plutôt par 114 toifes 0 $\frac{4}{7}$ pieds , on aura pour cette circonférence 2034740 toifes , qui ne different que d'$\frac{1}{2794}$ de celle de 2041600 toifes , que lui donne M. de Caffini ; or il peut bien y avoir eu dans les obfervations une erreur capable de produire cette petite différence ; il paroît donc par-là qu'Eratofthenes fe fervit du ftade Egyptien, comme je l'ai avancé , & que c'eft de ces ftades que l'on doit entendre les 180000 , que les Anciens donnoient à la circonférence de la terre.

Telles font les réflexions que j'ai faites fur la grandeur du pied Grec, le moyen dont je me fuis fervi pour la déterminer plus fûrement que l'on ne l'a fait jufqu'ici, & les obfervations que j'y ai ajoutées fur les ftades Grecs Romains, Philétériens & Egyptiens , pourroient me conduire à la connoiffance de plufieurs autres mefures ; mais j'ai cru devoir me borner ici particulierement à la recherche de la grandeur du pied Grec , & à celle du ftade dont Eratofthenes fe fervit dans la mefure qu'il prit d'Alexandrie à Rhodes , qui a fait donner par les Anciens 180000 ftades de circuit à la terre.

OBJECTIONS

OBJECTIONS

*Qui ont été faites, contre le fyftéme pro-
pofé fur l'étendue de la Carriere d'O-
lympie.*

D ANS le fyftême de l'Auteur, le *Diaulos*
auroit confifté à parcourir deux fois la Carriere en tournant deux fois autour de la borne
& revenant deux fois à la barriere ; cela eft
contraire à l'idée que tous les anciens nous
donnent du *Diaulos*.

1°. Euftathe expliquant l'ufage métapho-
rique de ce mot, dit qu'on l'employe pour exprimer l'allée & le retour de quelque chofe que
ce foit.

2°. Suidas l'appelle μακρὰ περίοδος , il auroit
dit διπλῆ περίοδος.

3°. Pour exprimer le mouvement des flots
qui s'avancent & reviennent fur eux-mêmes,
on a dit. δίαυλοι κύματων.

4°. Philon *de mundo* parlant d'une chofe qui
après s'être avancée jufqu'à un terme, retourne en fens contraire jufqu'à ce qu'elle foit revenue au même lieu d'où elle eft partie , appelle cela *diaulos*.

P.

L'étymologie même de *diaulos*, fait con=
noître que c'étoit l'allée & le retour ; & de
plus que les 600 pieds du ſtade doivent s'entendre en ligne droite. Ce mot vient de δὶς ,
bis & d'*αὐλὸς*. Or αὐλὸς , ſignifie une flûte, &
par ſimilitude , tout ce qui eſt droit & s'étend
en longueur comme une flûte, ainſi que le
ſtade. Le *diaulos* conſiſtoit donc à faire deux
fois le ſtade en longueur , à parcourir deux
fois *(la Fig. 9 Pl. II.)* & non pas deux fois celle
marquée (*Fig. 10.*)

Le *dolicos* ne prouve pas mieux ce ſyſtême,
qui eſt encore détruit par l'idée que tous les
anciens nous en donnent.

La courſe à pied conſiſtoit à faire une fois
le ſtade ; la courſe des chars à revenir par
l'autre côté, après avoir tourné autour de la
borne , parce qu'il y avoit de l'adreſſe à ſerrer
la borne de près , ſans rompre l'eſſieu. La
courſe à pied ne faiſoit que le ſtade, la courſe
des chars, le diaule, c'eſt ce qui ſe voit par
Homere & par Virgile, ou le combat des Vaiſ-
feaux repréſente la courſe des chars.

Ces objections qu'un très-ſavant critique (*a*) a
faites contre mon ſyſtême, ne m'ayant pas paru
ſans replique, je vais y répondre.

(*a*) M. le Beau.

» L'étymologie du mot διαυλὸς, qui eſt com-
» poſé de δὶς, *bis*, & de αυλὸς flûte, fait connoî-
» tre, dit-il, que c'étoit l'allée & le retour ; &
» de plus que l'allée & le retour étoient en ligne
» droite, parce que, ajoûte-t-il, αυλὸς ſignifie
» une flûte, & par ſimilitude, tout ce qui eſt
» droit & s'étend en longueur. Cette maniere
d'entendre la ſignification du mot διαυλὸς,
eſt ſans doute bien naturelle ; mais elle
n'eſt pas excluſive, & je crois qu'on peut
l'entendre avec autant de vraiſemblance
dans un autre ſens. Quand on couroit le
diaulos dans la Carriere d'Olympie, on parcouroit deux fois une figure qui reſſembloit à une
flûte, une élévation qui s'étendoit de la barriere à la borne ; mais le rapport de la largeur de cette élévation à ſa longueur, n'étoit
pas ſi peu conſidérable , qu'il doive être
compté pour rien ; la largeur de cette eſpece
de levée même, devoit être aſſez grande, puiſque
dans la carriere de Delphes , elle étoit terminée par un Temple dédié à Appollon, qui ſervoit de borne. Les Anciens ont donc pu exprimer qu'on faiſoit le tour de cette figure qui
reſſembloit à une flûte , comme ils ont pu exprimer qu'on n'en parcouroit que la longueur.
La ligne parcourue pouvoit donc être droite

comme (*A B. Fig. 9.*), ou elle pouvoit être courbe comme (*C D. Fig.* 10.)

Ainſi ce qu'Euſtathe dit, parlant du διαυλὸς, qu'on emploie ce mot pour exprimer l'allée & le retour ; ce qu'on a dit pour exprimer le mouvement des flots, qui s'avancent & reviennent ſur eux-mêmes διαυλοι κῦματον ; ce que Philon dit, parlant d'une choſe qui, après s'être avancé juſqu'à un certain terme, retourne en ſens contraire juſqu'à ce qu'elle ſoit revenue au même lieu, qu'on appelle cela διαυλὸς ; tout cela eſt également applicable au *diaulos*, ſoit qu'on conſidere chacun des deux ſtades qui compoſent toute ſa longueur comme une ligne courbe, ou comme une ligne droite ; pourvu qu'en parcourant le ſecond ſtade, l'Athlete revienne exactement ſur ſes pas. Car ſi d'une part, le mouvement des flots qui s'avancent & reviennent en arriere, ſemble indiquer que l'allée & le retour étoient en ligne droite, d'une autre part dans l'autre ſuppoſition, le retour au lieu d'où l'on étoit parti en revenant ſur tous les pas qu'on avoit fait d'abord, étoit plus exact.

Si vous alliez, *fig.* 11. de E en F & de F en G en parcourant le premier ſtade, & que vous revinſſiez de G en F & de F en E, en parcourant le ſecond, vous marcheriez exactement dans le second ſtade ſur tous les pas que vous auriez faits dans le premier. Vous arriveriez au point même d'où vous étiez parti. Au lieu que dans l'autre ſuppoſition, ſi vous alliez *fig.* 12. de H en I. en courant le premier ſtade, & qu'en continuant vous allaſſiez de I en K. en courant le ſecond, vous ne reviendriez pas alors ſur tous les pas que vous aviez faits dans le premier, & vous arriveriez bien ſur la ligne H K d'où vous étiez parti, mais vous n'arriveriez pas preciſément au point H, le lieu du départ.

Je crois avoir fait voir que les comparaiſons tirées du Diaule, ſont également applicables, & dans le cas où chaque ſtade eſt parcouru en ligne droite, & dans le cas où chaque ſtade eſt parcouru dans une ligne courbe ; je vais montrer à préſent que, quand bien même je n'aurois pas détruit les objections qu'un ſçavant a propoſées contre ce que j'ai dit du diaule du ſtade d'Olympie, on n'en pourroit rien conclure contre mon ſiſtème ; car c'eſt une choſe que je crois devoir remarquer, qu'il ſemble que dans ces objections, on ait étendu à tous les ſtades, ce que je ne dis que de quelques-uns.

Je n'ai pas dit que la diſtance de la barriere à la borne ne fût que de 300 pieds dans toutes les carrieres de la Grece, j'ai dit au contraire précisément dans ma Differtation que dans la Carriere de Delphes , la diftance de la barriere à la borne étoit de 600 pieds. J'ai dit que les Grecs avoient des carrieres de deux efpeces, les unes , comme celle d'Olympie, qui n'avoient que 300 pieds de la barriere à la borne ; les autres, comme celle de Delphes, qui en avoient 600 : & c'eft même fur cette différence que je fonde l'explication du paffage de Cenforin. D'où il fuit dans mon fiftême , que le *Diaulos* n'ayant jamais eu que deux ftades felon le fentiment de tous les Auteurs, quand on le couroit dans la Carriere d'Olympie, on tournoit deux fois la borne, & chaque ftade étoit une ligne courbe ; & que, quand on le couroit à Delphes , on ne tournoit qu'une feule fois la borne, & chaque ftade alors étoit une ligne droite,ou une ligne à peu-près droite: ce qui étoit encore vrai pour le premier cas , dans les carrieres, ou les douze révolutions , (le *Dolicos*) n'étoit que de douze ftades ; & pour le fecond cas, dans les carrieres où les douze révolutions , le *Dolicos*, étoient de 24 ftades felon le rapport de Suidas.

Auffi le nom que Suidas donne au Diaule quand il l'appelle μακρὰ περίοδος , loin d'être une preuve contre mon hypothefe, lui eft au contraire favorable ; puifque c'eft ce même Suidas , qui donne 24 ftades au *dolicos* , aux douze révolutions, dont une, qu'il appelle μακρὰ περίοδος , faifoit le *diaulos*. Ce nom donné au *diaulos*, ne feroit contre mon fyftême, que dans le cas où il lui auroit été donné par Eron, ou par d'autres Auteurs qui ne faifoient le *dolicos* que de douze ftades ; alors ils auroient du, comme le remarque avec beaucoup de jufteffe l'Auteur des objections , dire διπλῆ περίοδος.

Il femble même qu'on peut conclure, de ce que Suidas appelle le διαυλὸς ; μακρὰ περίοδος , la grande Période , qu'il y en avoit une plus pe-tite , qui n'étoit que d'un ftade , comme nous fuppofons qu'étoit celle de la Carriere Olym-pique.

A l'égard de la derniere objection , nous n'entrerons point ici dans l'examen de ce que le Romains peuvent avoir imité, ou changé dans les courfes des Grecs ; mais il eft clair , que même dans la courfe à pied , on tournoit la borne ; & on pourroit recueillir plufieurs paffages des Anciens qui le prouvent. Enfin nous croyons pouvoir terminer notre réponfe , par cette remarque , que les preuves qu'on peut tirer de l'étymologie d'un mot , & des comparaifons qu'on a faites , qui ont rapport à ce mot ; ne paroiffent pas auffi fortes que

celles qui font fondées fur ce calcul fimple ,
que puifqu'en courant le *dolicos* , on ne parcouroit, felon certains Auteurs, que douze ftades , & qu'on tournoit douze fois la borne
felon Pindare, la borne ne pouvoit être qu'à
un demi ftade de la barriere dans ces carrieres ;
quoiqu'elle fût à un ftade de la barriere dans
celle où le *dolicos* étoit de 24 ftades.

J'avois deffein de rapporter & de difcuter
en publiant ces Recherches fur les mefures, un
affez grand nombre de paffages des Anciens ,
qui prouvent que les Grecs ont fait ufage de
ftades très-petits ; mais ayant confidéré que
cette vérité étoit affez bien établie dans les
Eclairciffemens Géographiques de M. Dan-
vile , & par différens Mémoires de M. Gibert,
imprimés dans ceux de l'Académie des Belles-
Lettres, que j'ai eu occafion de citer ; j'ai cru
devoir me contenter d'y renvoyer.

Déterminé par des raifons connues de quelques gens de Lettres, à faire imprimer cette
brochure avec beaucoup de précipitation : je
n'ai pu lui donner l'étendue, & la correction
que j'aurois défiré , j'efpere que le Public la
verra avec indulgence.

F I N.

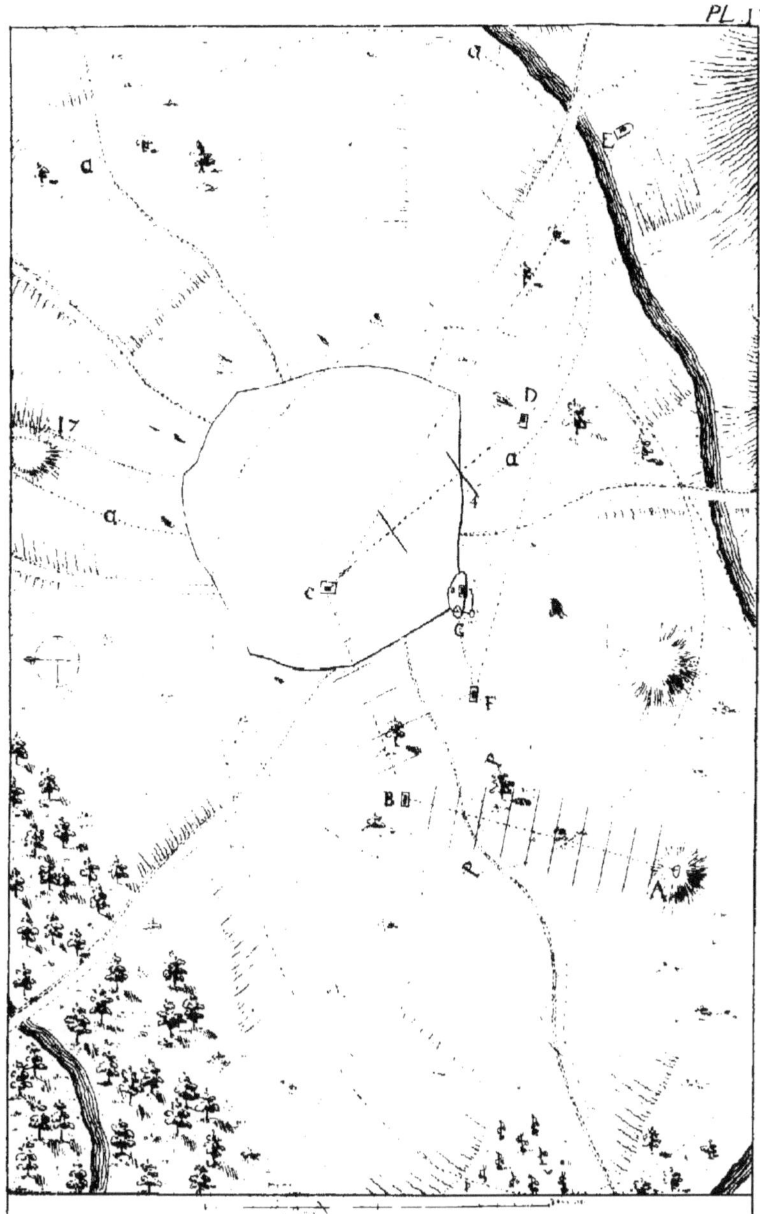

A Odeum
B Temple de Thesée
p p Poecile selon la route de Paus
C lieu du Temple de Jup. oly selon M. st le Poecile
a a enceinte de la ville d'Adrien
17 aqueduc d'Adrien
4 porte de la ville d'Adrien
D ruine du Pantheon d'Adrien, selon M. stuar Temple de jupiter Olymp.
E le stade
F lieu a peu près Pritanée
G entrée de la Citadelle d'Athene

Long. de la Carrière d'Olympie Selon l'épreuve
des mêtres moderne

Long. de la Carrière d'Olympie Selon
l'hypothèse proposée

A
B
C
D
Fig 9
Fig 10

E
F
G
Fig 11
I
F
H
K
Fig 12
Fig 2

Le Stade antique Fig. 3

Le Stade Olympique F. 4

Le Stade Olympique F. 5

Stade Olympique F. 6

Stade antique F. 7

Stade Olympique F. 8

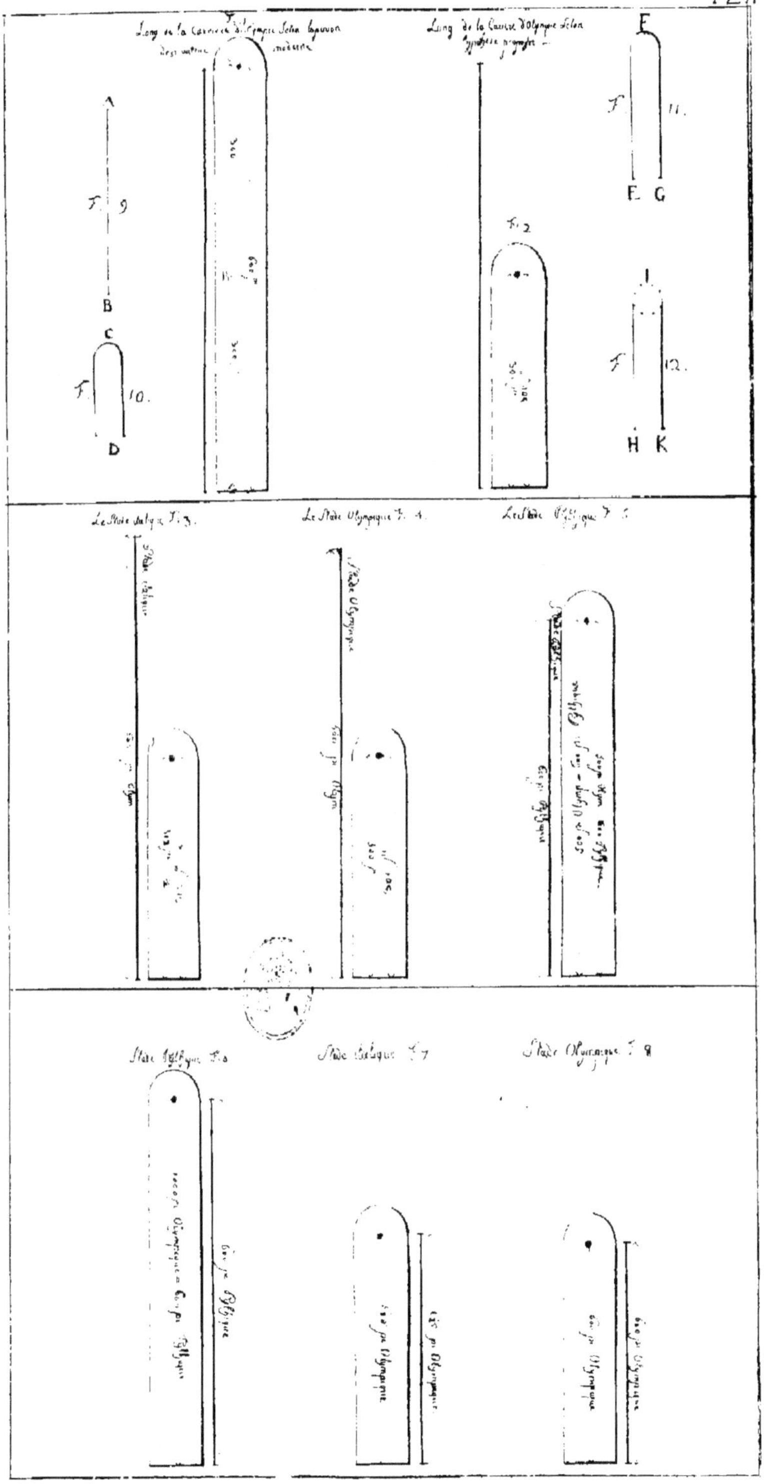